ABA
入门

融合幼儿园教师实战图解

[日]永富大铺 原口英之/编著　[日]野吕文行 高桥雅江/审校
任文心 秋爸爸/译

保育者ができる
気になる行動を示す幼児への支援
応用行動分析学に基づく実践ガイドブック

华夏出版社
HUAXIA PUBLISHING HOUSE

HOIKUSHAGADEKIRU KININARUKODOWOSHIMESU YOJIENOSHIEN

Copyrights © 2021 Noro Humiyuki, Masae Takahashi, Daisuke Nagatomi, Hideyuki Haraguchi

Chinese translation rights in simplified characters arranged with GAKUENSHA through Japan UNI Agency, Inc., Tokyo

北京市版权局著作权合同登记号：图字01-2023-4824号

图书在版编目（CIP）数据

融合幼儿园教师实战图解 /（日）永富大铺，（日）原口英之编著；任文心，秋爸爸译. -- 北京 ：华夏出版社有限公司，2024.8
（ABA 入门）
ISBN 978-7-5222-0713-1

Ⅰ.①融… Ⅱ.①永… ②原… ③任… ④秋… Ⅲ.①幼教人员－师资培养－研究 Ⅳ.①G615

中国国家版本馆 CIP 数据核字（2024）第 095791 号

融合幼儿园教师实战图解

编 著 者	［日］永富大铺　［日］原口英之
审 校 者	［日］野吕文行　［日］高桥雅江
译　 者	任文心　秋爸爸
责任编辑	张冬爽
责任印制	顾瑞清
出版发行	华夏出版社有限公司
经　 销	新华书店
印　 装	河北宝昌佳彩印刷有限公司
版　 次	2024 年 8 月北京第 1 版　2024 年 8 月北京第 1 次印刷
开　 本	787×1092　1/16 开
印　 张	8
字　 数	140 千字
定　 价	49.00 元

华夏出版社有限公司　地址：北京市东直门外香河园北里 4 号　邮编：100028
网址：www.hxph.com.cn　电话：（010）64663331（转）
若发现本版图书有印装质量问题，请与我社营销中心联系调换。

中文版推荐序

日本与中国一衣带水，两国关系源远流长，文化交流密不可分。日本从古代起就以中国为师，接受华夏文明各方面的滋养。但到了近代，随着西方文明的进入，两国走上各自不同的发展道路。明治维新之后的日本全面、彻底地向西方优秀者学习，快速崛起成亚洲乃至世界的先进国家，而同一时期的中国却徘徊在守旧与变法的抉择中，长时间处于发展中国家行列，直到改革开放才取得巨大的发展成就。

中日文化交流方向也从近代开始起了变化，大量的现代化的概念和知识从日本传入并逐渐融入华夏文化中，一个典型例子就是现代汉语中引入了大量的日语汉字词汇，其中就包括"自闭症"这个词。这类词汇数量之多，范围之广，程度之深，已经与现代汉语融在了一起，有力地促进了"西学"的传播，对中国走向现代化的进程起到了巨大的推动作用。

我从少年时期开始就有像《铁臂阿童木》这样的日本动画片陪伴，大学的专业学习中也直接接受过日本教授的指导。我家秋妈一直在日企工作，怀秋歌、秋语时，她看的孕产指导书也是一本日本译作，其图文并茂的排版风格，科学严谨且贴近生活的内容，解决了我家从孕前到孩子生长至一岁这期间的各方面的问题。

进入孤独症圈子之后，同样地，我很早就看到了日本的特殊教育资料，印象最深的是前辈旅日家长王宁翻译的柚木馥、白崎研司所著的《发育障碍儿童诊断与训练指导》，这本全面而细致的教育指导书，在二十年前资料匮乏的年代，对我们家长的指导意义重大。孤独症圈里有很多在日华人家长，在多年的网上交流中，他们向我介绍了很多日本优秀的行为干预图书，我翻看之后感觉很棒，于是挑选了几本优秀的实战指导用书，约请几位在日的华人家长翻译成中文，他们都有一颗同命相连的助人之心，乐意奉献出自己的一份力量，希望这些清晰生动的实战书籍能帮助到国内的家长。

前两年我们先选译了四本应用行为分析（Applied Behavior Analysis, ABA）入门图书，它们分别侧重于四个干预方向，覆盖不同的孤独症干预应用阶段，国内家长参考其中的内容，都能迅速学习上手，付诸实践。

《早期密集训练实战图解》是一本指导家长进行 ABA 实操训练入门的生动的图解书，

用于帮助家长启动居家干预训练。

《影子老师实战指南》是一本指导家长或者影子老师在幼儿园或小学集体环境中，运用 ABA 技术帮助孩子融合成长的实战方案用书。

《家庭干预实战指南》是一本指导家长在居家环境中，从 ABA 的视角看待孤独症行为特征，全面开展居家干预的指南用书，该书着重讲解了家长在日常生活中帮助孩子进步的方法。

《成人安置机构 ABA 实战指南》是一本介绍针对大龄孤独症孩子的 ABA 干预策略实战指南，以实战案例重点讲解了在成人安置机构中如何运用行为干预技术来应对常见挑战。

这四本书出版后收到了大量反馈，家长和老师表达的收获和好评让我及在日家长受到了鼓舞，于是我们又挑选出了两本最新的日本行为干预书籍，加入这个"ABA 入门"系列中。

《融合幼儿园教师实战图解》是一本讲解如何在普通幼儿园环境中为孤独症儿童提供支持的书，可以帮助幼儿园老师更积极地面对挑战，找到更有效地应对方法。

《问题行为应对实战图解》是一本专门解读孤独症儿童常见问题行为的书，帮助我们从 ABA 视角来观察和看待问题行为，并给出切实可行的减少问题行为的具体实操方案。

我之所以非常喜欢这六本书，是因为它们有以下几个共同的特点：

1. 纯净不杂。它们都是纯净的 ABA 技术实操指南，不掺杂其他"看上去很美"的非行为干预的方法，透着非常严谨认真的治学态度。

2. 实战经验。几位作者讲解通用的干预技术时，都结合了自己一线实战的切身体验，而不只是泛泛地照本宣科。他们在书中列举了很多贴近真实生活的应用方案，并对各种现实难点做了细致讲解。

3. 从零开始。这几本书都是面向零基础读者的指导用书，即使读者对 ABA 并不熟悉，拿起其中任何一本，阅读完之后也都可以入门行为分析这门科学，并能快速将学到的理论知识运用到自己的实践之中。

4. 日系风格。排版风格生动直观，易读易懂，每本书都有大量漫画配图，尤其是《早期密集训练实战图解》，更是通过大量且表达准确的日系漫画讲解了 ABA 基础知识和桌面教学细节，这非常少见。此书之所以能做到这点，是因为漫画在日本的普及，而且我从该书的作者那里了解到，身为 ABA 专业人士，作者自己就能先行画出草稿，再与专业画师开展细致的讨论，几易其稿，从而确保漫画内容的精准传神。

日本人的行事风格有很多地方值得我们学习，他们往往做事严谨认真，一板一眼，甚至有时会被打趣为一种"刻板"特征。我在与日本学者的很多接触中，深深体会到了这种行事风格的可贵之处，钦佩这种专注与认真的精神。如很多现代科技一样，ABA 诞生于西方，而在向先进者学习的过程中，日本人的态度非常虚心，他们深耕细作，精益求精，很少会抱着投机取巧的心思。在这里，我不由地提醒自己，也希望其他的国内家长在干预过程中学习这些优点，摒弃我们自己身上经常出现的那种好高骛远、浅尝即止、这山望着那山高的心态，甚至有时会出现盲目自我拔高、随意搞本土特色式杂糅的做法，虽然往好了可自夸为博采众长，但实际上更可能会形成"一锅乱炖"的局面。在学习行为干预的过程中，这种无法塌下心来把精力集中在最具科学实证的 ABA 知识的学习上，想走捷径的心思很常见，也很不利。

在孤独症圈里，大家经常互相勉励，在干预路上保持细心、耐心、恒心。小龄孩子家长和大龄孩子家长的心态有所不同，但终究会逐渐进步。每个家庭都会从最初的急切追求治愈的奢望中走出来，慢慢地面对现实，进而走上努力地提高生活质量的道路。在这条路上，行为干预是最能为我们提供支持的一项科学技术。我希望这套书能够帮助国内家长及早地武装自己，面向未来，抓好当下。

秋爸

推荐序一

众多幼儿教育工作者都持有各不相同的儿童教育观念，并在此基础上对孩子的成长情况有着不同的理解。我们每个人在看待孩子的成长时，根据的都是自己多年的实践经验，以及基于这些经验而形成的观念与认识。如果一个孩子的发展轨迹清晰，那么老师在教学中可能不需要使用什么特别的方法，可是，当我们面对某个发展路径不同寻常的孩子时，就会产生困惑，这时我们也许就需要从不同于一般的视角来看待孩子的成长了。我们在遇到这种情况时，翻开这本书，学习其中的应用行为分析知识，能够得到一个新的视角，以及很多不错的新选择。

虽然我们在学习运用这个新视角的过程中可能会感到有些困难或不解，但是，如果我们仔细阅读这本书中的大量实例，观察自己身边的孩子的表现，并把这些放在一起思考，那么，我们就会意识到书中有关如何看待孩子发展的观点与我们原来持有的观点其实并没有太大矛盾，而且，我们还能进一步地体验到书中方法的有效性。

本书的作者是两位专门研究应用行为分析的专家，本书内容是他们给幼儿教育工作者的建议，以及他们自己多年来在幼儿教育领域工作成果的总结。读者通过阅读本书，将会了解到应用行为分析专家会从怎样的视角观察儿童，并对儿童的行为表现进行怎样的解读，以及在此基础上如何选择支持策略。我希望本书能够帮助您提高教育质量。

筑波大学人类学系教授

野吕文行

推荐序二

本书是为幼儿教育工作者、融合幼儿园教师、特殊教育专业的学生,以及有志投身幼儿教育工作的人而撰写的。对于幼儿教育工作者或家庭支持相关人员来说,正确理解儿童的行为,是必要的。我们会从"为什么"的角度来分析儿童的行为,了解儿童的行为状况,并在此基础上寻找支持方案。在这个过程中,我们需要了解儿童的发展状况与特点,还要调整环境,从而帮助儿童获得更多的成功体验。我们还希望能够将评估信息和支持方案与儿童周边的所有人共享。

然而,老师们在融合幼儿园日常教育工作中有时可能会感到困惑,不知道该如何看待不同孩子的不同行为。

因此,作者在本书的第 1 章 "探求行为原因"中,介绍了分析行为的方法,在第 2 章介绍了大量具体的实例,向读者展示了认识和分析各种行为的办法,还针对难点进行了简单易懂的说明,就具体问题提供了相应的处理方法。在婴幼儿阶段,所有孩子都处于不断发展的过程中,每个孩子都需要特别关注。在理解每个孩子的独特行为时,前人的成功经验很有参考价值,我们希望能够充分利用孩子的优势提高支持和指导的效率,让孩子获得更多诸如"我完成啦""请你帮帮我吧""我真开心"等愉快的社交体验,增强他们融入集体的信心,让他们能够与集体中的其他人一起分享快乐。

心羽笑实幼儿园石神井台分园园长
高桥雅江

本书的目的与结构

经常啼哭的小春、爱抢夺其他小朋友玩具的小悠、反复被提醒却仍然会去推搡其他小朋友的小玲……每当在幼儿园里遇到有这类行为表现的孩子时,很多老师都会不知如何应对才好。

本书有三个目的。

第一个目的是通过实际案例展示如何解决孩子在融合幼儿园可能出现的各种问题。本书的目录列出了各个实例将会涉及的问题行为。本书的第 2 章具体呈现了处理这些问题的实际案例。请务必把本书带在身边,当您在幼儿园的日常实践中遇到与上述内容相关的困惑时,就可以打开它了。我相信这本书会为读者提供线索,帮助读者制订出应对方案和实施计划。

第二个目的是讲解应对问题行为时我们分析行为的具体方法。要想解决孩子出现的种种问题,我们首先需要分析问题行为发生的原因。本书以应用行为分析的理论作为解释行为的方法。应用行为分析这门科学要求我们根据行为发生前和发生后的环境变化来考察行为发生的原因,这种思考方式被称为"ABC 分析"。这种方法要求我们要关注行为的功能。例如,如果一个孩子抢了其他小朋友的玩具,那么,我们就要分析这个孩子为什么会做出抢玩具的行为,也许他是要玩同伴手中的那个玩具,也许他只是想引起同伴的注意而已,也许他用了适当的方式表达了自己想要借玩具,但同伴不肯借,所以他只能抢玩具。就像这样,问题行为的出现有各种可能的原因,因而我们也就需要有不同的处理方法。我希望读者阅读本书之后能够掌握分析行为原因的方法。读者可以在第 1 章中找到有关应用行为分析中 ABC 分析的详细介绍。

第三个目的是让更多的人了解应用行为分析这门科学。应用行为分析不仅适用于特殊需要儿童的幼儿园教育,也适用于日常生活中所有人的所有行为。目前,应用行为分析不仅在学校教育领域,而且在幼儿教育、社会福利、医疗、家庭生活、组织管理等多个领域中都得到了广泛应用。

为了使读者能够学习到应用行为分析的基础知识，作者在第 3 章中对应用行为分析的理论进行了讲解。虽然讲解中出现的一些生僻的专业术语，有可能会令一些读者感觉这门科学很艰深，但我们会尽全力让本书的内容浅显易懂。如果读者真的对应用行为分析产生了兴趣，那么请进一步阅读其他专业书籍。

感谢那些努力支持引导儿童成长的老师们，感谢那些对幼儿教育工作者给予指导的大学老师们，感谢那些提供咨询的专业人士，也感谢那些幼儿教育和特殊教育专业的学生们，感谢所有对应用行为分析感兴趣的人，我衷心希望本书能够为大家提供帮助，更希望读者通过阅读和学习本书让更多的孩子获得更多的赞美。

目　录

第1章　探求行为原因 ... 001

应用行为分析　读懂行为并找到解决办法 ... 002
技巧1　对行为的瞄准 ... 003
技巧2　关于行为发生之前的状况 ... 004
技巧3　关于紧接在行为发生之后的状况 ... 006
技巧4　制订解决方案 ... 009
专栏1　使用厌恶刺激进行干预所带来的负面影响 ... 015

第2章　从"为什么"开始对孩子进行干预 ... 017

情景1　进幼儿园就哭的孩子 ... 018
实例1　哭泣之后周围人的反应使哭泣行为增加 ... 018
实例2　获得玩具使哭泣行为增加 ... 020
情景2　不积极参与游戏 ... 022
实例3　游戏技能不足 ... 022
实例4　为避免出错或被批评而不参与游戏 ... 024
情景3　擅自拿走同伴的玩具 ... 026
实例5　无法有效表达自己的需求 ... 026
实例6　无法有效表达自己想和同伴一起玩的需求 ... 028
实例7　虽然能够有效表达但仍然无法顺利互动 ... 030
情景4　对同伴做出危险行为 ... 032
实例8　对同伴做出令人讨厌的举动 ... 032
实例9　输不起 ... 034
实例10　会玩的游戏种类太少 ... 036

情景 5　做被禁止的事 ··· 038
　　实例 11　通过扔沙子获取老师的关注 ····································· 038
　　实例 12　不懂玩具的正确玩法 ·· 040
　　实例 13　利用问题行为尽快获得快乐结果 ····························· 042

情景 6　不积极参与运动 ··· 044
　　实例 14　因尝试参与某项运动不成功而变得消极 ················· 044
　　实例 15　因参与运动后不再有成就感或不再有进步而变得消极 ······ 046

情景 7　语言很少 ··· 048
　　实例 16　语言发育迟缓 ·· 048
　　实例 17　和老师、同伴互动的经验很少 ································· 050
　　实例 18　因被斥责的经历而变得不再说话 ····························· 052
　　实例 19　因怕被关注而变得不再说话 ····································· 054

情景 8　环境改变后会发生问题行为 ··· 056
　　实例 20　因环境改变而推搡同伴 ·· 056
　　实例 21　通过问题行为吸引关注 ·· 058

情景 9　无法执行指令 ··· 060
　　实例 22　很难专心听老师指令 ·· 060
　　实例 23　因语言理解不充分而只能模仿同伴行动 ················· 062
　　实例 24　寻求老师的关注或互动 ·· 064
　　实例 25　没有充分理解活动内容 ·· 066
　　实例 26　因不知道东西在哪儿而无法进行准备工作 ············· 068

情景 10　无法转换情绪 ··· 070
　　实例 27　因没有时间概念而无法转换活动 ····························· 070
　　实例 28　因执着于争第一而推搡同伴 ····································· 072
　　实例 29　兴奋时推搡同伴 ·· 074

情景 11　不参与集体活动 ··· 076
　　实例 30　因感觉反应过度而厌恶噪声 ····································· 076
　　实例 31　因无法预期活动进程而不肯参与 ····························· 078
　　实例 32　因想要获得同伴的关注而擅自离开活动现场 ········· 080

第3章　深入学习！应用行为分析的理论与应用 083

- 原理1　前提 084
- 原理2　后果 087
- 原理3　示范 092
- 原理4　消退 093
- 原理5　差别强化 095
- 原理6　行为的功能 098
- 原理7　普雷马克原理 102
- 原理8　随机教学 104
- 原理9　塑造 105
- 原理10　任务分析 107
  - 专栏2　减少辅助的方法 109

后记 111

第 1 章

探求行为原因

本章将介绍分析儿童行为的方法，即"ABC 分析"。

掌握了这个方法，我们就可以了解儿童行为的发生原因，分析儿童做出某些问题行为而不做出适当行为的原因。

我们如果能够运用"ABC 分析"来审视儿童的种种行为，那么就可以找到与儿童接触的正确方法。

通过本章的学习，我们将能够对儿童日常生活中的种种行为进行分析，并制订出有效的引导策略。

应用行为分析
读懂行为并找到解决办法

> 小悠在游戏时间经常抢夺同伴正在玩儿的玩具。虽然老师曾多次提醒他"不能抢哟",但没过一会儿,他仍然会去抢同伴的玩具。
>
> 小悠为什么抢同伴的玩具?是因为小悠的家庭环境有什么问题,还是因为小悠有什么发育障碍呢?
>
> 这两种假设都存在可能性,但是,我们如果运用行为分析的方法,就可以根据发生在眼前的问题行为来分析其产生的原因,进而制订有效的解决策略。

应用行为分析(Applied Behavior Analysis,ABA)是一种心理学学说,它聚焦于行为,分析行为出现或不出现的原因,根据科学分析的结果提出并执行改变行为的计划。学会应用行为分析的思考方式之后,我们可以将所有人的行为都作为分析的对象,无论儿童还是成人。应用行为分析在幼儿教育、学校教育、社会福利、医疗、家庭生活、组织管理等多个领域都得到了广泛应用,并展现出良好的行为改善效果。

但是,要想掌握行为分析的方法,我们需要进行大量的练习。在本书中,我们将通过大量的实例,帮助读者学习他人的实践经验,掌握应用行为分析的方法与技巧。

行为分析的方法——ABC 分析

ABC 分析是对行为发生前后状况进行分析的一种做法。A(Antecedent)代表前提,B(Behavior)代表行为,C(Consequence)代表后果,这里我们取每个英文单词的首字母,缩写为 ABC 分析。其中,前提是指行为发生之前的状况,后果是指紧接在行为发生之后的状况。

在进行 ABC 分析的过程中,我们用 A、B、C 这三个组成部分来分析行为。下面的图示可以帮助读者更好地理解这一概念。我们会在后面的技巧 1 至技巧 3 中讲解如何使用 ABC 分析理解行为。

A(前提)	B(行为)	C(后果)
行为发生之前的状况	对行为的分析	紧接在行为发生之后的状况
参看技巧 2	**参看技巧 1**	**参看技巧 3**

技巧 1
对行为的瞄准

首先,让我们来瞄准 ABC 中的 B,也就是看看我们要分析的行为是什么。在 B(行为)这个组成部分中,我们要记下准备让孩子增加或减少的行为。

要点 1 描述行为的具体内容

应用行为分析要求我们在描述行为时应尽可能具体地描述而不能抽象地描述。例如,"对同伴很友好"或者"做出让同伴讨厌的事",这些描述都太过抽象,因为很多行为都符合这种描述。我们要想更好地分析行为,就必须明确地描述出我们希望孩子增加或减少的行为的具体内容。

● 以下示例才是描述"对同伴很友好"这个行为的更具体的方式	● 以下示例才是描述"做让同伴讨厌的事"这个行为的更具体的方式
• 看到同伴的东西掉了,他会帮忙捡。 • 他对同伴说:"咱们一起玩吧!" • 他夸奖同伴的手工作品,"太棒啦!" • 看到同伴哭了,他会问"怎么啦?" • 他说"加油!"来鼓励同伴。	• 他打了同伴的脸。 • 他将玩具扔向同伴。 • 他突然抱住了同伴。 • 他抢同伴的玩具。 • 他对同伴说"你是笨蛋!"

要点 2 要避免使用"不……"的表达方式描述行为

应用行为分析强调使用具体的行为描述方式,避免使用"不打""不跑""不哭""不扔"等否定形式的说法。以"小律在上音乐课时跑出教室"为例,我们对这个实例做行为分析时,不能将"不唱歌"作为我们希望小律减少的目标行为,而应该将"唱歌"作为小律需要增加的目标行为。

再比如,我们在分析"小春在排队时突然抱住同伴"的行为时,不能将"不抱"作为小春需要增加的目标行为,而是要将"安静地排队"作为小春需要增加的目标行为,或者将"抱住同伴"作为小春需要减少的目标行为。

练习

请试着使用后面第 8 页给出的练习表格分析孩子的某个行为。首先,您要根据上文所列的要点,将一个需要增加或需要减少的具体行为填入 B 栏目中。

技巧 2
关于行为发生之前的状况

接下来,让我们来关注一下行为发生之前的状况。前提就是指行为发生之前环境的状况或发生的事情。行为即将发生时,有什么人在场,发生了怎样的事情,我们需要把这些内容按下面给出的几个要点填入 A 栏目。

要点1 环境(人、物、时间、场所等)

特定的环境(包括人、物、时间、场所等)会影响行为。例如,在幼儿园时,某位老师表扬孩子"能大声问好,真棒啊",那么,孩子以后再看见这位老师时,"大声问好"的行为就更有可能出现。再如,当孩子早上跟着妈妈走进幼儿园时,如果孩子一哭妈妈就去抱他,那么以后当这个孩子想要妈妈抱时,哭的行为就更有可能出现。我们可以通过下图进一步说明上面这两个例子。

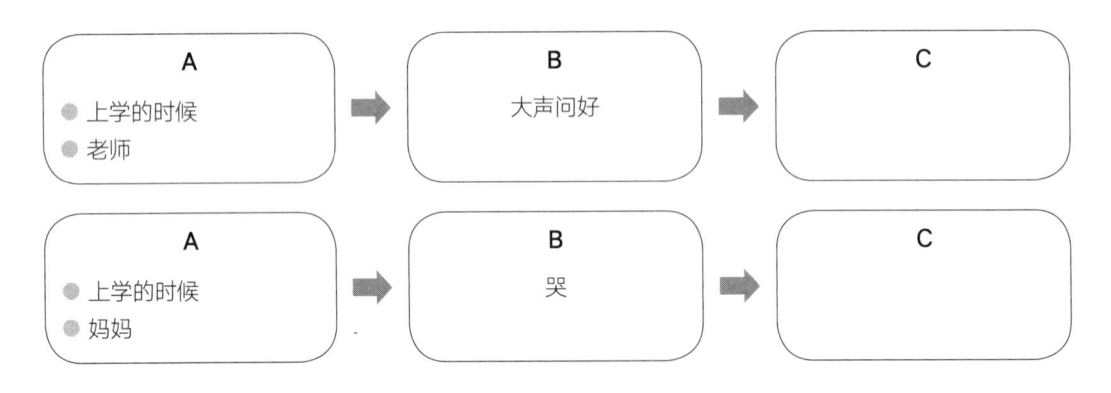

A		B		C
● 上学的时候 ● 老师	→	大声问好	→	

A		B		C
● 上学的时候 ● 妈妈	→	哭	→	

要点2 事件

我们还可以用这样的图示解释更多的例子。显然,特定的事件会影响行为。例如,当孩子参加幼儿园集体课时,老师表扬大家"坐得真好啊",那么以后孩子"保持良好坐姿"的行为就更有可能发生。再如,喜欢去室外玩的孩子听到老师下令"去外面玩吧",就可能出现"跑出去"的行为。我们用下面的图示进一步说明这两个例子。

A		B		C
● 参加集体课时 ● 老师表扬大家"坐得真好啊!"	→	保持良好坐姿	→	

```
┌─────────────────┐      ┌─────────────────┐      ┌─────────────────┐
│       A         │      │       B         │      │       C         │
│ ● 游戏时间       │  ➜   │    跑出去        │  ➜   │                 │
│ ● 老师下令"去外   │      │                 │      │                 │
│   面玩吧!"      │      │                 │      │                 │
└─────────────────┘      └─────────────────┘      └─────────────────┘
```

要点3 自身状态

身心的健康状态和其他情况也会对行为产生影响。例如，孩子一直被表扬，就会心情愉快，那么他在游戏时间里"邀请同伴一起玩"的行为就更有可能出现；孩子睡眠不足或某项活动进行得不顺利就会比较烦躁，那么他在游戏时间里也许更有可能出现"推搡同伴"的行为。我们可以用下图说明这两个行为。

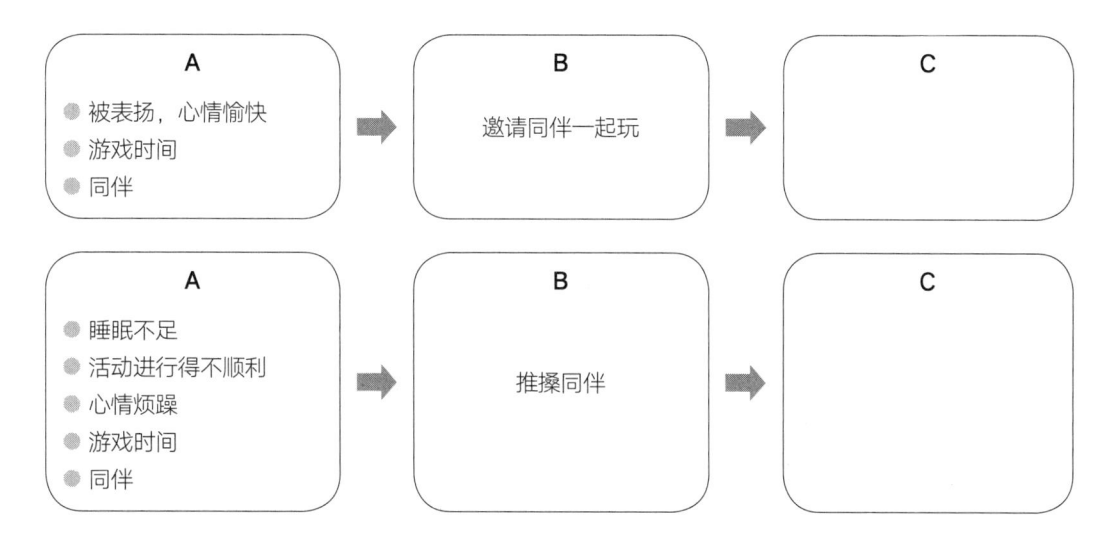

```
┌─────────────────┐      ┌─────────────────┐      ┌─────────────────┐
│       A         │      │       B         │      │       C         │
│ ● 被表扬，心情愉快│  ➜   │  邀请同伴一起玩   │  ➜   │                 │
│ ● 游戏时间       │      │                 │      │                 │
│ ● 同伴          │      │                 │      │                 │
└─────────────────┘      └─────────────────┘      └─────────────────┘

┌─────────────────┐      ┌─────────────────┐      ┌─────────────────┐
│       A         │      │       B         │      │       C         │
│ ● 睡眠不足       │      │                 │      │                 │
│ ● 活动进行得不顺利│  ➜   │   推搡同伴       │  ➜   │                 │
│ ● 心情烦躁       │      │                 │      │                 │
│ ● 游戏时间       │      │                 │      │                 │
│ ● 同伴          │      │                 │      │                 │
└─────────────────┘      └─────────────────┘      └─────────────────┘
```

我们将在后面第3章中进一步地讲解前提对行为的影响，并提供更为详细的学习内容。

练习

在第8页提供的练习表中填写A栏目时，我们需要尽可能多地记录行为发生之前的事件或环境。我们如果想不起来，则可以复习上文所说的要点，将所有可能影响行为的因素都写下来。

如果B栏目里填写的是需要增加的行为，而该行为没有出现过，或者很少出现，那么，我们填写A栏目时可能就会比较困难。这时，我们可以思考需要采取怎样的支持办法，或者预先设置怎样的环境，从而促进目标行为的出现，然后将经过验证的有效措施填写到A栏目中。

技巧 3
关于紧接在行为发生之后的状况

现在，我们来讨论一下行为发生后紧接着出现的后果。后果就是指紧接着行为发生之后出现的事件或环境的改变。

后果会对行为产生增加或减少的作用。在应用行为分析中，我们将能够增加行为发生频率的后果称为"强化物"，将能够减少行为发生频率的后果称为"厌恶刺激"。强化物的出现或消失，或者厌恶刺激的消失或出现，将会导致未来该行为发生频率的增加或减少。我们可以按照下面的几个要点把后果内容填入 C 栏目。

要点 1　强化物

强化物出现的后果使行为发生频率增加，而强化物消失的后果使行为发生频率减少。

例如，喜欢玩沙子的小凛按照和老师事先约定的规则好好地玩耍，于是他获得了老师的表扬和关注，那么以后他"按照规则玩沙子"的行为发生频率就会增加。如下图所示，在这个例子中，我们可以在 C 栏目里填写"得到老师的表扬""获得老师的关注"。同时，我们也能知道，"得到老师的表扬""获得老师的关注"对小凛来说是强化物。

如果行为发生之后强化物马上出现，行为发生频率就会增加（强化物的出现导致行为被强化）

A	B	C
● 事先讲好的规则 ● 老师在附近 ● 没有老师的关注 ● 沙坑	玩儿的时候遵守规则	● 得到老师的表扬 ● 获得老师的关注

反之，假设小凛做出了"在沙坑里乱扔沙子"的问题行为，于是他被禁止继续在沙坑里玩儿，这带来的影响就是，小凛"在沙坑里乱扔沙子"的行为发生频率会减少。如下图所示，在这个例子中，我们可以在 C 栏目里填写"无法在沙坑里玩儿"。同时，我们也能知道，对小凛来说，当"在沙坑里玩儿"这个强化物消失时，"在沙坑里乱扔沙子"的行为发生频率会减少。

> 如果行为发生之后强化物马上消失，行为发生频率就会减少（强化物的消失导致行为被惩罚）

A	B	C
● 事先讲好的规则 ● 老师在附近 ● 没有老师的关注 ● 沙坑	在沙坑里乱扔沙子	● 无法在沙坑里玩儿

要点 2　厌恶刺激

厌恶刺激出现的后果使行为发生频率减少，而厌恶刺激消失的后果使行为发生频率增加。

例如，小明不喜欢被周围人关注，而当他做出"和别人说话"这个行为时，往往会获得同伴或老师的关注，结果小明"和别人说话"的行为发生频率就减少了。如下图所示，在这个例子中，我们可以在 C 栏目里填写"被同伴关注""被老师关注"。同时，我们也能知道，"被同伴关注""被老师关注"对小明来说是厌恶刺激。

> 如果行为发生之后厌恶刺激马上出现，行为发生频率就会减少（厌恶刺激的出现导致行为被惩罚）

A	B	C
● 同伴在身边的时候 ● 老师在身边的时候	和别人说话	● 被同伴关注 ● 被老师关注

此外，如果小明在被同伴或老师关注时做出"离开现场"的行为，那么同伴或老师的关注就会消失，结果小明"离开现场"的行为发生频率就会增加。如下图所示，我们可以在 C 栏目里填写"来自同伴或老师的关注消失了"。同时，我们也能知道，对小明来说，当"被同伴关注"或"被老师关注"这个厌恶刺激消失时，"离开现场"的行为发生频率会增加。

> 如果行为发生之后厌恶刺激马上消失，行为发生频率就会增加（厌恶刺激的消失导致行为被强化）

A	B	C
● 被同伴关注 ● 被老师关注	离开现场	● 来自同伴的关注消失了 ● 来自老师的关注消失了

应用行为分析将行为发生频率增加的过程叫作强化，将行为发生频率减少的过程叫作惩罚，下表总结了上述内容，更多实例见第3章。

后果	出现	消失
强化物	行为发生频率增加（强化）	行为发生频率减少（惩罚）
厌恶刺激	行为发生频率减少（惩罚）	行为发生频率增加（强化）

练习

在下面练习表的C栏目中，请填写"紧接着行为出现的后果"。

例如，孩子做出了B栏目中的行为后，老师和同伴是如何反应的？孩子本人受到了怎样的影响？请回忆实际场景，并在C栏目中填写内容。

如果需要减少的行为频繁出现，那么C栏目中应该包含强化物出现或厌恶刺激消失的相关内容。反之，如果需要增加的行为不怎么发生，那么C栏目中应该包含厌恶刺激出现或强化物消失的相关内容。此外，还有一种可能是，行为发生之后强化物并没有出现，因而行为的发生频率没有增加。请根据以上原则回忆孩子做出B栏目中的行为时的情景，并填写C栏目。

我们在填写C栏目时，如果能够回想起更多的前面技巧2提及的A栏目中的内容，那么也可以填写进去。

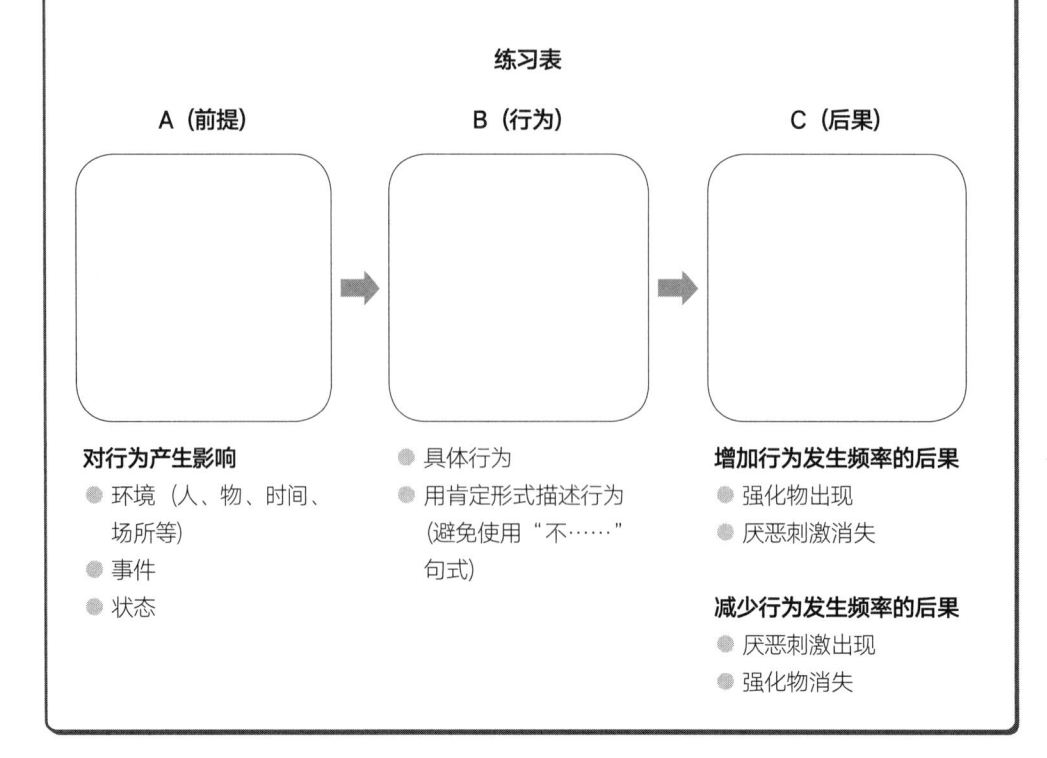

练习表

A（前提） → B（行为） → C（后果）

对行为产生影响
- 环境（人、物、时间、场所等）
- 事件
- 状态

具体行为
- 用肯定形式描述行为（避免使用"不……"句式）

增加行为发生频率的后果
- 强化物出现
- 厌恶刺激消失

减少行为发生频率的后果
- 厌恶刺激出现
- 强化物消失

技巧 4
制订解决方案

通过学习前面的技巧，我们应该已经将前页练习表中的 A（前提）、B（行为）和 C（后果）三个栏目全部填写完毕了。接下来我们要开始制订解决方案了。制订解决方案通常有两种方法。第一步都是需要我们查看 B 栏目中所填写的内容。如果填写的内容是"需要增加的行为"，那么我们可以参考第 13 页的"增加适当行为的流程"，并根据技巧 4-1 中所示内容制订解决方案。如果填写的内容是"需要减少的行为"，那么我们可以参考第 14 页的"减少问题行为的流程"，并根据技巧 4-2 中所示内容制订解决方案。

技巧 4-1　增加适当行为

要点 1　确认 B（行为）栏目中的行为

B 栏目中的行为的具体表现是怎样的？通过对该行为的具体描述，我们可以更为具体地填写栏目 A 和 C 的内容。

要点 2　确认 C（后果）栏目中是否有强化物

C 栏目中的内容是否有能够使行为出现频率增加的强化物，如果没有，我们可以用红笔添加一些，最好填写那些具有较高实用性的且对其他孩子也有效的强化物，如"口头表扬""击掌""贴纸"或"小红花"等。我们也可以填写玩具类的强化物，不过这类东西在集体生活中有可能在某些情况下难以提供，因此最好考虑填写那些可以在实际场景中使用的强化物。

要点 3　确认 C（后果）栏目中是否有厌恶刺激

C 栏目的内容中是否有能够使行为出现频率减少的厌恶刺激，例如，让不擅长运动的孩子参加运动，孩子总是失败，因此他"参加运动"的行为发生频率减少了。如果 C 栏目中有这样的厌恶刺激，我们可以用红笔填写一些不让厌恶刺激出现的方法，例如，老师提供足够支持，改变活动内容，让孩子自己选择活动内容等。

> **要点 4**　A（前提）栏目中是否有引发 B（行为）栏目中行为的内容

A 栏目中是否有引发 B 栏目中行为的内容。如果我们按照要点 2 所说的在 C 栏目中添加了强化物，但是 B 栏目中的行为还是不发生，那就说明该行为不会得到强化。因此，我们需要想办法引发该行为的出现，例如，我们可以通过"示范适当行为"或"用图片提示适当行为"等属于 A 栏目的措施来制造引发 B 栏目中的行为出现的契机。

> **要点 5**　即便做了上面这些，B（行为）栏目中的行为还是无法增加

我们已经做了上述的各种努力，但是目标行为仍未增加。这种情况下，我们就需要确认孩子是否有能力完成目标行为。每个人都有自己擅长与不擅长的事，并不是所有孩子都能做到同样的事。例如，虽然大部分孩子都能够用语言进行主动沟通，但也有孩子不具备主动沟通的能力。老师如果遇到这种情况，也许就需要来到孩子身边，询问他的感受，以便引导他开口应答。在进行 ABC 分析时，A（前提）可以设计为"老师走近孩子"或"老师询问孩子"，B（行为）可以设计为"回答老师的询问"，C（后果）可以是"获得老师的表扬"。这里重要的不是让孩子一定要表现出和大家同样水平的行为，而是帮他创造机会，增加他做出更为适当的行为的可能性。

此外，我们还需要再次确认我们设计的 A（前提）和 C（后果）策略是否真的能对孩子的 B（行为）产生影响，这非常重要。例如，我们设计的 A（前提）是"用图片提示孩子做出适当行为"，但是如果孩子没有注意到图片的存在，那么这种方法就没有效果。这时，把 A（前提）设计为"示范适当行为"也许更有可能有效地引发 B（行为）发生。此外，我们如果把 C（后果）设计为"可以去外面玩"，但孩子有可能并不喜欢去外面玩，那么这时把 C（后果）设计为"可以和老师说话"也许更有可能有效地增加目标行为的出现频率。通过多次添加或修改 A（前提）和 C（后果）的内容，我们就可以制订出更有效的方案。

技巧 4-2　减少问题行为

> **要点 1**　确认 B（行为）栏目中的行为

B 栏目中的行为具体是怎样的表现？通过对该行为的具体描述，我们可以更具体地填写栏目 A 和 C 的内容。

> **要点 2**　确认 C（后果）栏目中是否有强化物

C 栏目中的内容中是否有能够增加行为发生频率的强化物，如果有，那么我们就用红笔写出让孩子无法获得强化物的方法。例如，C 栏目中的强化物是"获得玩具"，那么我们就用红笔写"无法获得玩具"。

要点3 A（前提）栏目中是否有引发B（行为）栏目中的行为的内容

A栏目中是否有引发B栏目中的行为的内容，例如，孩子处于"没有会玩的玩具，无所事事"的状态下，他"抢同伴的玩具"的行为就比较容易发生。那么，为了避免出现这样的情况，我们可以用红笔写下"有来自老师和同伴的关注"或者"可以玩他喜欢的玩具或开展他喜欢的活动"等状态。

要点4 即便做了上面这些，B（行为）栏目中的行为还是会发生

我们已经做了上述的各种努力，但是孩子的问题行为仍然会发生，在这种情况下，我们可以首先确认是否有办法通过增加某些更为适当的行为来替代B栏目中的问题行为。例如，孩子为了获得老师和同伴的关注而去"打同伴"，这时我们可以让这个孩子远离他的同伴，并尽可能不提供关注，只是对他的打人行为说"不可以哦"。这样的处理或许可以减少问题行为的发生，但并不能满足孩子对关注的需求。因此，我们很有必要对这个孩子表现出的更为适当的行为给予更多的关注，例如，我们可以关注他"参加活动"或"和同伴玩"的行为，以此增加他做出适当行为的频率。

此外，我们还需要确认当前的C栏目中是否有恰恰可能会增加问题行为出现频率的强化物。例如，如果孩子"扔玩具"的行为后果是"老师批评他"，那么老师的这个反应对孩子来说，也可能是一种关注强化物。这时，老师有必要对孩子"扔玩具"的行为不给予过度关注，而尽可能地在孩子正常"玩玩具"时给予表扬关注。

上面所描述的对各个技巧的运用流程，就是通过行为分析制订解决方案的方法。当我们想要增加孩子的适当行为时，就应该在该行为发生后提供强化物，并确保不出现厌恶刺激。我们如果发现存在厌恶刺激，就应该想办法使其不再出现。

而当我们想要减少孩子的问题行为时，应该确保问题行为发生后不出现强化物。我们如果发现存在强化物，就要想办法使其不再出现，并在孩子做出适当行为时提供强化物。

需要强调的是，我们不能将在孩子出现问题行为之后施以厌恶刺激作为减少孩子问题行为的主要干预方式。例如，当孩子出现"打同伴"的问题行为时，我们仅仅使用严厉斥责的办法来开展干预是不可取的。我们只能在没有其他选择的情况下才考虑这样的干预方法。轻易使用厌恶刺激的干预方式，有可能会引起愤怒等情绪或攻击行为，会导致孩子回避可能出现厌恶刺激的场合与人物，进而引发更多的问题。关于使用厌恶刺激进行干预的注意事项，我们在专栏1中有更为详细的说明，请读者仔细阅读。

练习

你如果已经将第 8 页练习表中的 A（前提）、B（行为）和 C（后果）全部填好了，那么就可以针对各个栏目中的内容，考虑如何制订解决方案了，用红笔将制订方案的思路添加进练习表。如果 B 栏目中填写的内容是"需要增加的行为"，那么你可以参考第 13 页的"增加适当行为的流程"，并根据技巧 4-1 中的内容制订解决方案。如果 B 栏目中填写的内容是"需要减少的问题行为"，那么你可以参考第 14 页的"减少问题行为的流程"，并根据技巧 4-2 的内容制订解决方案。

利用第 8 页的练习表，我们可以对各种行为展开分析，并通过练习逐步掌握行为分析的要点。

你如果仍然不明白练习表的填写方法，或者虽然能进行 ABC 分析但无法很快地制订出解决方案，那么，也可以先阅读第 2 章，看一看第 2 章中的实例，了解在实际案例中我们是如何进行 ABC 分析和制订解决方案的。你可以先参考第 2 章中的那些实例，再回来使用前面的练习表对自己遇到的实际问题进行 ABC 分析，并制订解决方案。

另外，你可以用任何纸张将第 8 页练习表中的 ABC 栏目画出来。只要有了这样的思路，你随时可以拿出手边的纸笔做出 ABC 分析框架，帮助自己开展行为分析，并思考解决方案。

解决方案制订流程 1 ▶ 增加适当行为的流程

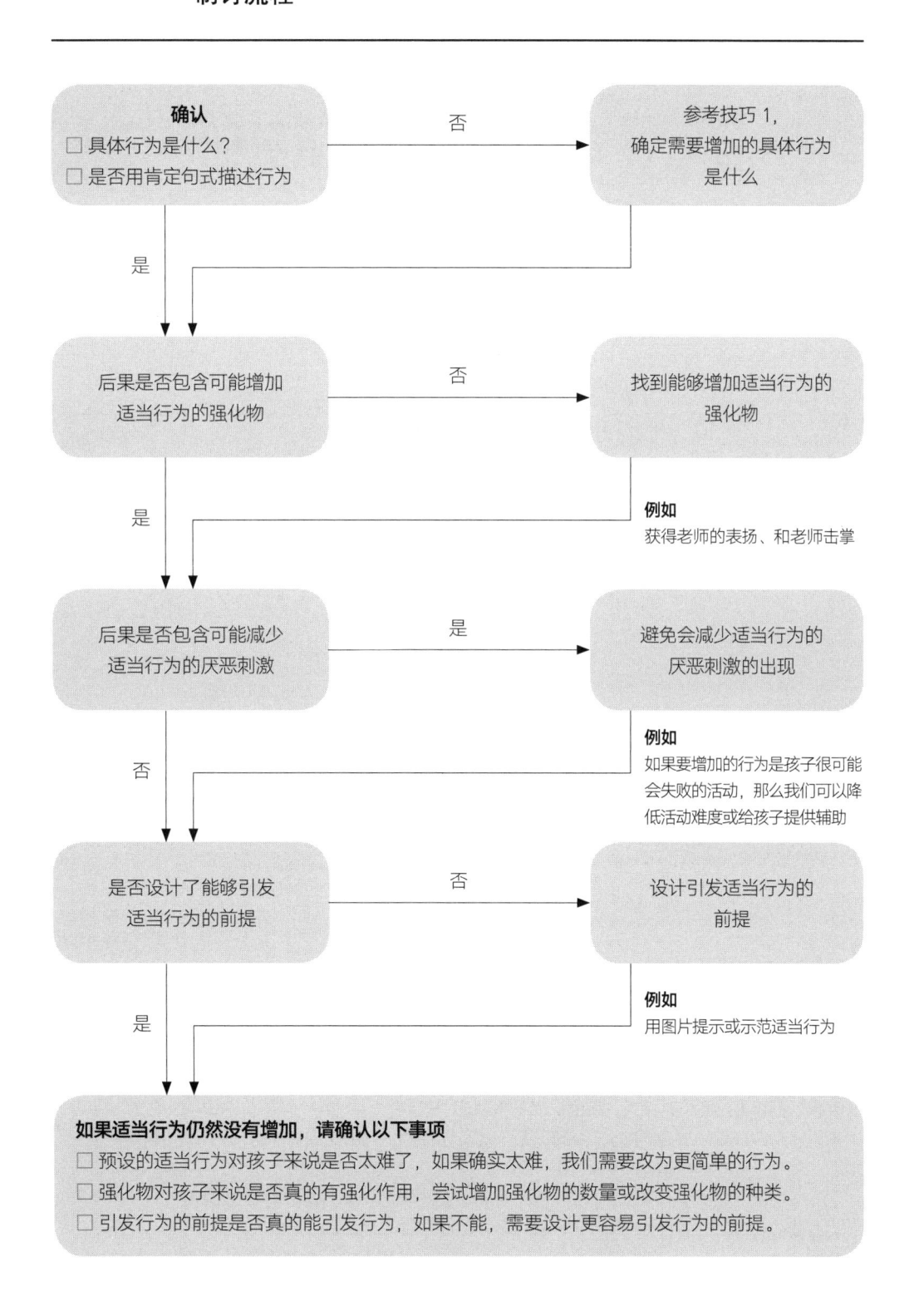

```
确认
□ 具体行为是什么？          否       参考技巧1，
□ 是否用肯定句式描述行为  ──────▶   确定需要增加的具体行为
                                      是什么
         │是
         ▼
后果是否包含可能增加         否      找到能够增加适当行为的
适当行为的强化物         ──────▶         强化物
                                   
                                      例如
                                      获得老师的表扬、和老师击掌
         │是
         ▼
后果是否包含可能减少         是      避免会减少适当行为的
适当行为的厌恶刺激       ──────▶      厌恶刺激的出现

                                      例如
                                      如果要增加的行为是孩子很可能
                                      会失败的活动，那么我们可以降
                                      低活动难度或给孩子提供辅助
         │否
         ▼
是否设计了能够引发           否      设计引发适当行为的
适当行为的前提           ──────▶         前提

                                      例如
                                      用图片提示或示范适当行为
         │是
         ▼
```

如果适当行为仍然没有增加，请确认以下事项
□ 预设的适当行为对孩子来说是否太难了，如果确实太难，我们需要改为更简单的行为。
□ 强化物对孩子来说是否真的有强化作用，尝试增加强化物的数量或改变强化物的种类。
□ 引发行为的前提是否真的能引发行为，如果不能，需要设计更容易引发行为的前提。

解决方案制订流程 2 ▶ 减少问题行为的流程

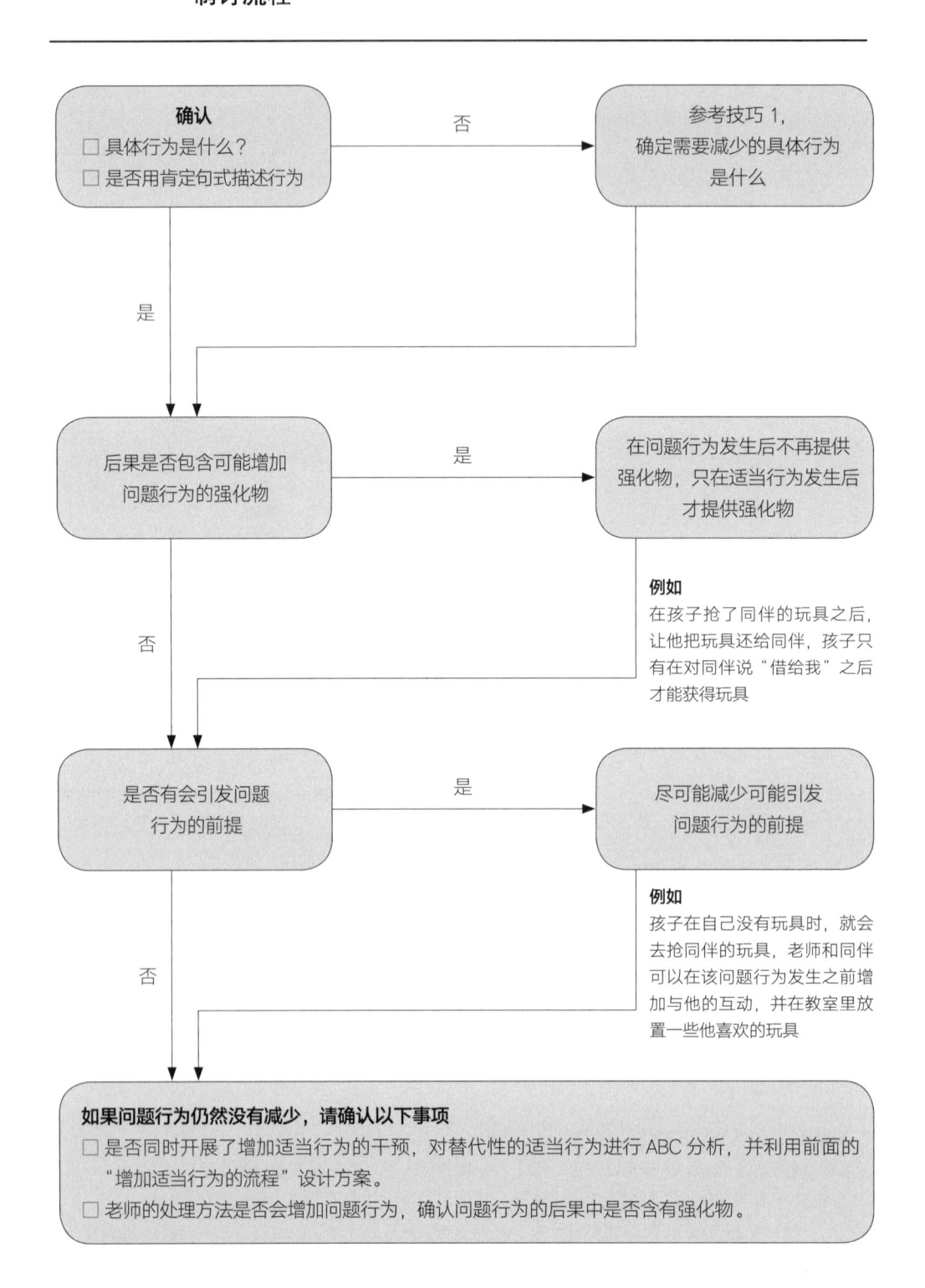

确认
- 具体行为是什么？
- 是否用肯定句式描述行为

否 → 参考技巧 1，确定需要减少的具体行为是什么

是 ↓

后果是否包含可能增加问题行为的强化物

是 → 在问题行为发生后不再提供强化物，只在适当行为发生后才提供强化物

例如
在孩子抢了同伴的玩具之后，让他把玩具还给同伴，孩子只有在对同伴说"借给我"之后才能获得玩具

否 ↓

是否有会引发问题行为的前提

是 → 尽可能减少可能引发问题行为的前提

例如
孩子在自己没有玩具时，就会去抢同伴的玩具，老师和同伴可以在该问题行为发生之前增加与他的互动，并在教室里放置一些他喜欢的玩具

否 ↓

如果问题行为仍然没有减少，请确认以下事项
- 是否同时开展了增加适当行为的干预，对替代性的适当行为进行 ABC 分析，并利用前面的"增加适当行为的流程"设计方案。
- 老师的处理方法是否会增加问题行为，确认问题行为的后果中是否含有强化物。

专栏 1

使用厌恶刺激进行干预所带来的负面影响

当行为的后果伴随着厌恶刺激（即能够减少行为发生频率的环境或事件，见第3章）出现时，该行为的发生频率通常就会减少。但是，使用厌恶刺激进行干预除了能减少行为的发生频率，还可能增加其他问题行为的发生频率，使得某种问题行为更难被观察到，以及产生更多新的问题。

使用厌恶刺激进行干预所带来的负面影响包括以下几个方面。

1. 孩子模仿使用那些厌恶刺激

孩子可能会模仿大人使用厌恶刺激干预的行为，或者因自己得到厌恶刺激而对他人使用厌恶刺激。

例1　教室里孩子模仿大人的呵斥"不准这样！"使教室里充满了这样的叫骂声。

例2　孩子在家里因问题行为而被打手，结果到了幼儿园也开始打同伴的手。

2. 引发愤怒等负面情绪或攻击行为

孩子得到厌恶刺激后，可能会产生愤怒等负面情绪或发起攻击行为。

例1　孩子用手抓东西吃时，大人对孩子说"多脏呀！"并打了孩子的手，结果孩子大哭，同时把盘子打翻。

例2　孩子不写作业时，大人大声呵斥并关掉电视，结果孩子气恼地踢墙。

3. 行为只在厌恶刺激提供者在场时减少

使用厌恶刺激进行干预后，虽然孩子问题行为的发生频率会减少，但可能只是暂时的，或者只在厌恶刺激提供者在场时才会减少。

例1　每当孩子抢同伴的玩具时，老师都会呵斥孩子并拿回玩具。结果这个孩子当着老师面时不再抢别人的玩具了，但当老师不在场或没有注意他的时候，他还会抢别人的玩具。

例2　孩子在家里玩游戏时会被斥责，结果孩子跑到朋友家玩游戏。

4. 孩子与厌恶刺激提供者的关系恶化

即使我们只在孩子的问题行为发生时才给予厌恶刺激，孩子还是可能会对厌恶刺激提供者产生戒备。这一做法甚至会导致双方的关系恶化。

例　在孩子的问题行为发生时，大人严厉斥责孩子，或者把孩子赶出房间，结果孩子向大人撒娇或说话的次数减少了。

如果我们仅仅使用厌恶刺激来干预问题行为，那么即便孩子的问题行为发生频率可能会减少，也会带来其他负面影响。当然，这并不意味着我们完全不能使用类似斥责这样的方法。当孩子做出某些可能会危及自己或他人的安全甚至导致生命危险的问题行为时，我们也可以斥责他。

因此，我们在开展干预时，有以下几个重要问题需要注意。

1. 对于孩子有能力完成的适当行为要给予差别强化（即对问题行为进行消退的同时强化适当行为，见第 3 章）

如果我们只开展减少问题行为的干预，那么适当行为就很难增加。而且，如上文所述，这样还可能带来各种负面影响。因此，我们要在适当行为发生时给予强化，在问题行为发生时采用消退的处理办法，如此运用对比鲜明的差别强化的干预方法对孩子的进步非常重要。

如果我们经常给予孩子强化，他就会积累很多被表扬的行为经验，并与我们建立起良好的信任关系，他的适当行为也就会随之增加。通过这种强化方式，孩子的适当行为会大量增加，同时，他的问题行为也一定会减少。

2. 整理归纳会引发适当行为的前提和会增加适当行为发生频率的后果

前提和后果都会影响行为的发生。能够引发适当行为的前提策略包括：为孩子做出示范，给孩子加油打气，与孩子做好约定等。此外，能够增加适当行为的后果策略包括：好好表扬孩子，认可孩子的努力，为孩子提供他喜欢的贴纸等。

3. 采用减少强化物的干预方法，而不采用给予厌恶刺激的干预方法

对于那些可能会伤害同伴，令孩子自身出现危险，以及使公共物品遭到破坏的行为，我们必须立即予以制止。这时，我们可以采用一种叫作"罚时出局"的做法，即在一段时间内禁止孩子参与他喜欢的活动。这种干预方法使得孩子无法继续参与自己喜欢的活动。这对于孩子来说，意味着他无法获得强化物或者强化物会减少。

例如，在足球比赛中，做出危险行为导致对方球员受伤的球员，会被裁判出示红牌罚出场，该球员在接下来的比赛时间内将无法继续参加比赛。驾照被吊销等也是类似的例子。

我们在实施罚时出局时，是让孩子在一段时间内无法参与某项活动，而不是把孩子完全排除在该活动之外。此外，在实施罚时出局干预措施后，我们需要确认这种做法是否真的让问题行为的发生频率减少了。

第 2 章

从"为什么"开始对孩子进行干预

本章将讲解一些真实发生在幼儿园中的干预实例。

在每个实例的前半部分,我们会先描述孩子的情况,从"为什么"的视角展开思考,然后会讲解幼儿园老师实施的具体干预方案,以及实施干预后孩子的变化。通过学习这部分内容,我们可以了解到孩子在幼儿园生活中的一些真实且具体的问题、幼儿园老师的干预策略,以及孩子的变化,从而为我们将要开展的干预计划和实际操作提供参考。

在每个实例的后半部分,我们会讲解如何对孩子的行为做 ABC 分析,从而解答"为什么"的问题,还会讲解幼儿园老师的干预对孩子的行为产生了怎样的影响。通过学习这部分内容,我们会明白为什么以往的干预方法不成功,也会明白为何调整干预策略之后就能取得效果。

此外,在每个实例的最后,我们会介绍在干预过程中运用的应用行为分析的理论要点。这些理论可以帮助老师们在幼儿园的实际工作中更好地开展干预,为孩子提供更合适的支持。我们希望读者能在阅读这些实例及其分析处理过程的基础上,积极地学习应用行为分析的理论,进而将其应用于孩子在幼儿园的实际生活中。

情景 1
进幼儿园就哭的孩子

实例 1　哭泣之后周围人的反应使哭泣行为增加

孩子的情况　4 岁

以前，小庆去幼儿园的时候总是精神饱满，一下车就直奔幼儿园，妈妈也可以很顺利地去上班。但最近每当车快要到幼儿园时，小庆就开始哭泣，不肯下车。如果小庆一直哭泣，妈妈就会把他抱到幼儿园门口。如果小庆还是继续哭泣，老师就会来到大门口告诉小庆该进教室了，并把他抱进幼儿园。老师和妈妈都感到很困惑，小庆以前上学那么乖，现在怎么突然开始哭了呢。

即使进了教室，小庆有时也会继续哭泣。但当开始进行上课准备或活动时，小庆就会停止哭泣，笑呵呵地参加活动。小庆只在进幼儿园时哭泣，其他时间都没有哭泣过。他在幼儿园里有很多伙伴，每天都过得很愉快。

为什么呢？

如果小庆在进幼儿园时没有哭泣，妈妈看到老师出来迎接后，就会立刻离开去上班。老师如果看到小庆没有哭泣，在和他打了招呼之后，也会马上回到教室开始工作。

然而，如果小庆在进幼儿园时哭泣，妈妈和老师就会拥抱他并对他说些安抚的话。对于小庆来说，只要他哭泣，妈妈和老师就会过来安抚，她们在自己身边的时间就会延长。妈妈和老师对小庆的安抚，增加了他哭泣行为发生的频率。

解决方案

老师每天早上会在小庆的桌子上放置他喜欢的小汽车贴纸，以便让小庆自己走进教室。方案实施前，妈妈和老师会把这个贴纸的安排告诉小庆。

此外，妈妈会在门外一直目送小庆走进教室，并微笑着朝他挥手。老师会在教室里等小庆，看见他走过来就马上表扬他自己走进教室的行为，"小庆早上好""小庆能自己走进来了""小庆真的太棒了"，并和他击掌。小庆走进教室后，能得到老师的表扬，并可以在家校沟通簿上贴上那些小汽车贴纸。

支持要点

"走进教室"行为发生后,妈妈会去上班,而"哭泣"行为发生后,妈妈则会过来拥抱安抚小庆,老师也会出来迎接他。周围人这样的反应方式增加了小庆"哭泣"行为的发生频率。

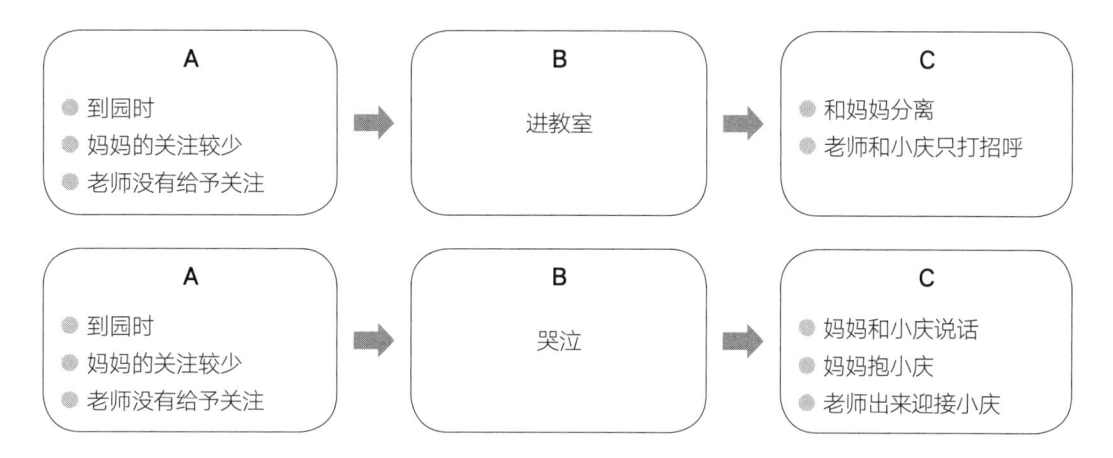

A	B	C
● 到园时 ● 妈妈的关注较少 ● 老师没有给予关注	进教室	● 和妈妈分离 ● 老师和小庆只打招呼

A	B	C
● 到园时 ● 妈妈的关注较少 ● 老师没有给予关注	哭泣	● 妈妈和小庆说话 ● 妈妈抱小庆 ● 老师出来迎接小庆

于是,妈妈开始微笑着目送小庆走进教室,老师会在小庆独立"走进教室"后,一边表扬小庆一边和他击掌。另外,老师还在小庆的桌子上放置了他喜欢的小汽车贴纸。小庆期盼着妈妈的目送、老师的表扬,以及在家校沟通簿上贴上小汽车贴纸,因此,小庆开始不再哭泣,他独立"走进教室"的行为出现得越来越多了。

A	B	C
● 到园时 ● 妈妈微笑着目送 ● 老师没有给予关注 ● 桌上有小汽车贴纸	进教室	● 被老师表扬 ● 和老师击掌 ● 能够贴小汽车贴纸

思考的要点　ABA 理论

前提

◆ 为了增加小庆"走进教室"行为的发生频率,在"走进教室"行为发生之前,老师先在教室里放置好小庆喜欢的小汽车贴纸,并告诉小庆这件事。此外,妈妈微笑着目送小庆走向教室。这些措施使得小庆"走进教室"的行为更容易发生了。

后果
强化物的出现导致行为被强化

◆ 因为有了强化物的支持,小庆独立"走进教室"的适当行为变得多了起来。每次小庆独立"走进教室"后,老师都会表扬他并和他击掌。此外,小庆还能得到他喜欢的小汽车贴纸作为奖励。这些措施强化了小庆独立"走进教室"的行为。

实例 2　获得玩具使哭泣行为增加

孩子的情况　5 岁

小爽所在的班级规定，每天早晨到幼儿园之后，大家必须完成上课前的准备工作才可以开始玩。但是小爽每天早晨一进教室就直奔放玩具的地方。如果妈妈或老师阻止小爽，他就会大哭大叫。由于哭闹的声音实在太刺耳，妈妈和老师只能放任他去玩。在其他场合中，每当有人阻止小爽做他想做的事时，他也会大声哭泣。

为什么呢？

虽然妈妈和老师阻止了小爽玩玩具，但小爽只要大哭大叫，就能重新获得玩具。这些经验让小爽学会了只要大哭大叫就可以得到自己想要的东西。

解决方案

当小爽看见玩具或已经做好准备工作的同伴在玩玩具时，他就也想要去玩。因此，老师在玩具区放置了一道屏风，这样小爽在做自己的准备工作时就看不到其他小朋友和玩具了。此外，老师还在教室的入口处张贴了活动流程图，以此提醒小爽只有完成准备工作才能去玩。老师一边注意防止小爽冲到玩具区，一边表扬他正在进行准备工作。当小爽完成自己的准备工作时，老师就表扬他，"你的准备工作做得太好啦""现在可以去玩啦"。

对于小爽的课前准备工作，老师会一边表扬一边监督，直到小爽养成习惯为止。同时，为了让小爽今后在老师不在场的情况下也能独立完成准备工作，老师会在监督时逐渐地与小爽拉开距离。

支持要点

小爽一看到玩具或在玩具区玩的同伴就想去玩，但妈妈和老师会阻止他去玩。结果只要他开始哭泣，他就能玩到玩具。

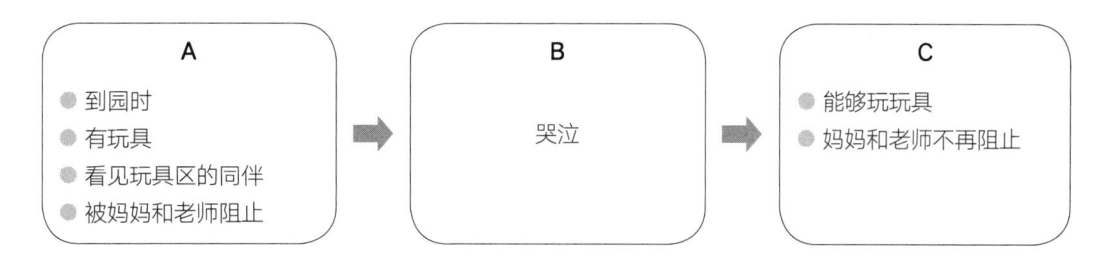

A		B		C
● 到园时 ● 有玩具 ● 看见玩具区的同伴 ● 被妈妈和老师阻止	→	哭泣	→	● 能够玩玩具 ● 妈妈和老师不再阻止

于是，老师在玩具区和早晨做课前准备的区域之间设置了屏风，确保小爽在做准备工作时看不到玩具区。此外，老师使用活动流程图提醒小爽，只有完成准备工作才能去玩。在小爽"做准备工作"的行为时，老师就在小爽身边表扬他，等小爽完成准备工作后小爽就可以去玩具区玩了。

A		B		C
● 到园时 ● 有活动流程图 ● 看不到玩具区	→	做准备工作	→	● 被老师表扬 ● 可以玩玩具

现在，小爽熟悉了活动流程，在完成课前准备工作之前不会冲去玩具区了。小爽不再像以前那样被阻止去玩，在到园时也不再哭泣了。此外，老师在这里通过使用活动流程图向小爽预先传达活动信息的方法也可以应用于各种场合，因此，小爽在幼儿园中的其他时段里哭泣的情况也减少了。

思考的要点　ABA 理论

前提
◆ 为了让小爽"做准备工作"的行为更容易发生，老师会在这之前告诉他，完成课前准备工作之后就可以去玩了。这样做可以让小爽"做准备工作"的行为更容易发生。

普雷马克原理
◆ 在小爽的行为中，"玩玩具"的行为比"做准备工作"的行为出现得更为频繁。让他知道在完成"准备工作"之后就可以"玩玩具"，他会更快地"做准备工作"。

情景 2
不积极参与游戏

实例 3 　游戏技能不足

孩子的情况　3 岁

孩子们正在玩橡皮泥。他们捏出作品后会一边欢呼一边拿给老师:"老师,你看!"有的孩子也会互相合作,一起捏制作品。小南却一直不安地独自在教室里走来走去,甚至会走到走廊上。当听到老师喊"小南,过来玩橡皮泥吧"时,小南可以回到座位上捏一捏橡皮泥,但很快又停了下来。于是,老师为小南做出示范,演示如何将橡皮泥捏成小圆球并让小南模仿。小南尽力做了,试图捏出圆形,可最后还是把橡皮泥捏成长条状。

为什么呢?

当老师叫小南过来一起玩时,小南会去捏橡皮泥,或者试着模仿老师的玩法,可她并不能很好地玩橡皮泥。此外,小南由于无法向老师或同伴描述自己不会玩橡皮泥,就只能在教室里走来走去,甚至走出教室,不能积极地参加这项游戏活动。

解决方案

老师考虑了两种解决方法。第一种是引导小南用自己已经掌握的玩法来玩橡皮泥。因为小南可以把橡皮泥捏成长条状,所以老师教她捏制出蜗牛和甜甜圈。然后,老师向大家展示小南的作品。孩子们一边说"小南做得好棒啊!"一边也开始捏制蜗牛。因为之前小南在这项游戏中并没有机会表现自己,所以此时她尽管有些害羞,但还是显得非常开心。

第二种方法是准备小南能够使用的工具。其他孩子可以使用刮刀和滚轮发挥自己的创造力完成作品,但小南尚不能熟练地使用这些工具。她只能使用模具玩橡皮泥,于是老师就为她准备了一些模具。模具用起来非常有趣,小南因此开始积极地参与这项游戏了。

支持要点

小南因为不知道该如何玩或玩不好橡皮泥,所以不愿意参加这项游戏。

A		B		C
● 不知道玩法 ● 游戏技能不足	→	玩橡皮泥	→	● 玩不好 ● 很少被夸赞

我们从 ABC 分析可以看出,"玩橡皮泥"行为的后果中本来应该有快乐的元素出现,比如,成功地捏制出作品,或者获得称赞等,但这些在小南这里都没有出现。因此,她"玩橡皮泥"行为发生的可能性很低。

于是,老师向小南示范了橡皮泥的玩法,帮助小南更加熟练地玩橡皮泥。小南通过模仿老师的玩法,成功捏出了自己的作品,并得到老师和同伴的夸赞。

A		B		C
● 不知道玩法 ● 游戏技能不足 ● 老师示范	→	按照老师的示范玩橡皮泥	→	● 制作了作品 ● 受到老师和同伴的夸赞

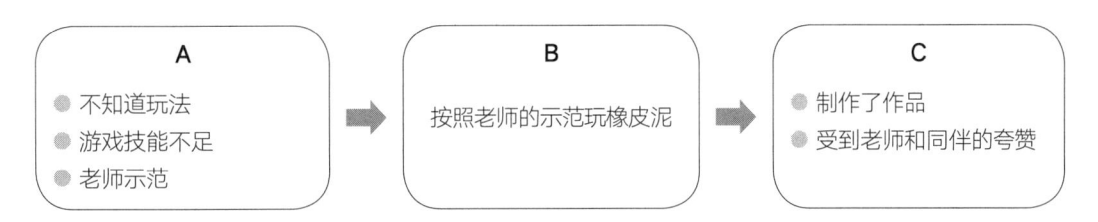

此外,老师还通过为小南准备适合她使用的模具,帮助小南在橡皮泥游戏中成功地制作出作品,并获得了老师和同伴的夸赞。

A		B		C
● 使用模具	→	玩橡皮泥	→	● 制作出作品 ● 受到老师和同伴的夸赞

因此,之前不擅长玩橡皮泥、不愿意参加这项游戏的小南,在老师提供示范、准备工具的帮助之下,成功地捏制出了自己的作品,她能够与老师和其他小朋友一起参与橡皮泥游戏了。

> **思考的要点　ABA 理论**
>
> **前提**
> ◆ 为了让小南"玩橡皮泥"的行为更容易发生,老师提供了玩法示范,还准备了模具。通过这些帮助,小南"玩橡皮泥"的行为更容易发生了。
>
> **后果**
> 强化物的出现导致行为得到强化
> ◆ 小南通过"玩橡皮泥",成功地制作出自己的作品,并且得到老师和同伴的夸赞。这使得小南"玩橡皮泥"的行为发生频率增加了。

实例 4　为避免出错或被批评而不参与游戏

孩子的情况　6 岁

孩子们正在进行运动会的舞蹈练习。老师播放音乐并示范舞蹈动作，孩子们一边看着老师示范一边高兴地跳着舞。有的孩子会出现跳错的情况，老师总是温柔地指导他们，他们也跳得越来越好。但是，小美没有参加，她就一直坐在一边。老师走过去与她交谈，可她还是不肯参加。那天除了舞蹈练习，小美像往常一样参加了所有活动，也和其他孩子一起玩得很开心，她看上去也没有生病的迹象。接下来的第二天和第三天，小美仍然不肯参加舞蹈练习。

为什么呢？

需要练习的新舞蹈动作中有很多小美还没有记住，她因不知该如何正确做出舞蹈动作而感到不安。一方面小美如果在这种情况下参加舞蹈练习，很可能就会跳错，会被老师批评；另一方面小美如果不参加舞蹈练习，就不会跳错，也就不会受到老师的批评。这就是小美不肯参加舞蹈练习的原因。

解决方案

小美并不讨厌跳舞，只是对舞蹈动作不熟悉，她不参加舞蹈练习就可以避免出错或被批评。于是，老师告诉小美要注意看老师和同伴的舞蹈动作，并努力记住它们，而且，老师也不再要求小美现在就参加练习，而是告诉她可以先只看别人跳。

为了让小美在家里也能练习这个舞蹈，老师把舞蹈动作录制成视频并制成 DVD 交给了小美的家长。这样，从运动会举行的前一周开始，小美就主动参加舞蹈练习了，并最终完美地表演了舞蹈。

支持要点

小美此前因未掌握舞蹈动作，在参加舞蹈练习时，出现过错误或被老师指出过动作错误，所以小美不愿意参加舞蹈练习。虽然老师一直表扬包括小美在内的所有孩子的"参加舞蹈练习"的行为，但是小美"参加舞蹈练习"的行为却没有增加。

A	B	C
● 练习舞蹈的时间 ● 老师示范动作 ● 不熟悉动作	参加舞蹈练习	● 跳错 ● 被指出错误 ● 被老师表扬

于是，为了让小美能掌握舞蹈动作，老师和同伴为她做出示范，并将舞蹈动作录制成视频，让她在家里也可以观看和练习。

A	B	C
● 练习舞蹈的时间 ● 老师示范动作 ● 熟悉动作	参加舞蹈练习	● 被老师表扬

当小美熟练掌握了舞蹈动作，能够跳得很好的时候，她开始愿意参加集体练习了，因为她现在已经不会出现跳错的情况了，而且还会得到老师的表扬。

思考的要点　ABA 理论

后果
厌恶刺激的出现导致行为被惩罚
◆ 在参加舞蹈练习时，小美跳错了动作或被老师指出了错误，因此她"参加舞蹈练习"的行为逐渐减少了。

示范
◆ 老师为了帮助小美熟练掌握舞蹈动作，就亲自或让同伴为小美做出示范。此外，老师还录制了舞蹈动作的视频，让小美在家里也可以观看练习。小美在观看老师和同伴的示范后，通过模仿学会了舞蹈动作。

情景 3
擅自拿走同伴的玩具

实例 5 无法有效表达自己的需求

孩子的情况　3 岁

小佑在游戏时经常擅自拿走同伴正在玩的玩具，导致双方发生冲突。当同伴试图要回玩具时，小佑会攻击同伴。老师向小佑解释说："这是别的小朋友正在玩的玩具，所以你不能拿走。"小佑听了会点头并放回原处，但是过了不久，他就又去拿其他孩子的玩具。

为什么呢？

小佑拿走同伴玩具的背后，存在"他也想玩那个玩具"的需求。但是，由于小佑尚未熟练掌握表达"我也想玩这个玩具"的技能，他才会擅自拿别人的玩具。

解决方案

老师在小佑拿同伴玩具的时候对他说："你想要这个玩具吗？那么你可以对他说'借给我吧'。"然后，老师让小佑先把玩具还给同伴，再引导小佑说"借给我吧"。如果同伴说"等一下"或者表现出还想再玩一会儿的样子，老师就可以引导小佑问同伴："你再玩 5 次后可以借给我吗？"或者向小佑说明："他过一会儿会借给我们，我们再等等吧。"这样的互动沟通并不是直接减少小佑"擅自拿走同伴的玩具"的行为，而是通过增加他向同伴说"借给我吧"的适当行为达到干预目标。

现在小佑虽然还会偶尔擅自拿走同伴的玩具，但是，当老师指出这点时，小佑就会主动说"请借给我"，因此，他与同伴的冲突逐渐减少了。

支持要点

小佑"擅自拿走同伴的玩具"的行为背后,存在"他也想玩那个玩具"的需求。但是,他由于不知道如何才能获得玩具,出现了"擅自拿走同伴的玩具"的行为。

A		B		C
● 正在玩玩具的同伴 ● 没有可玩的玩具	▶	擅自拿走同伴的玩具	▶	● 可以玩玩具 ● 被老师批评

于是,老师教小佑什么是适当的行为,即向同伴说"借给我吧"。首先,为了减少小佑"擅自拿走同伴的玩具"的行为,老师在小佑拿走同伴玩具的时候,当场对他说明"不可以这样拿玩具",并立即让他把玩具还给了同伴。然后,老师向小佑示范说"借给我吧"。小佑模仿老师,对同伴说出"借给我吧",小佑做出这个行为之后就获得了玩具,并且得到了老师的表扬。

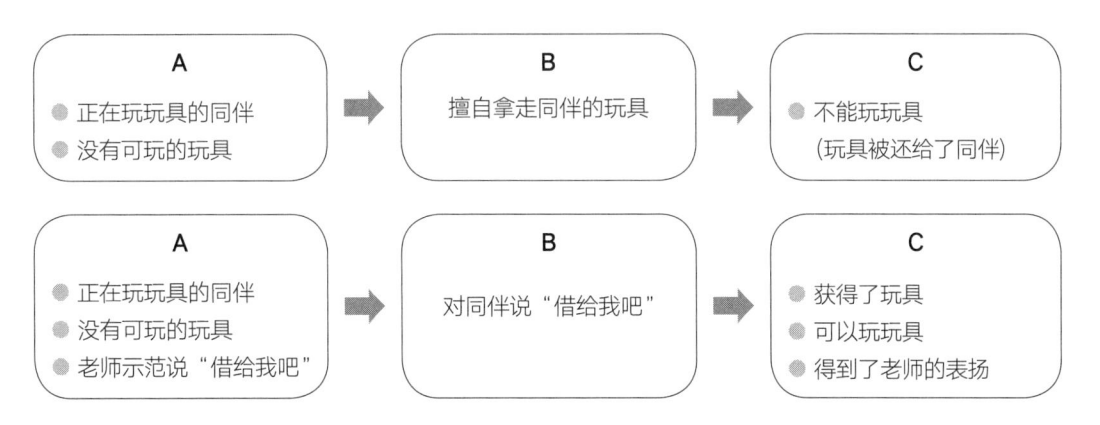

A		B		C
● 正在玩玩具的同伴 ● 没有可玩的玩具	▶	擅自拿走同伴的玩具	▶	● 不能玩玩具 (玩具被还给了同伴)

A		B		C
● 正在玩玩具的同伴 ● 没有可玩的玩具 ● 老师示范说"借给我吧"	▶	对同伴说"借给我吧"	▶	● 获得了玩具 ● 可以玩玩具 ● 得到了老师的表扬

以上实例表明,仅仅减少问题行为的发生频率是不够的,观察孩子为什么要这样做,并教他学会适当行为更为重要。

思考的要点　ABA 理论

行为的功能
提要求
- 小佑在做出"擅自拿走同伴的玩具"的行为背后,有着"他也想玩那个玩具"的需求。由于他能够成功地从同伴那里拿到玩具,因此他"擅自拿走同伴的玩具"的行为发生频率增加了。

差别强化
- 在小佑"擅自拿走同伴的玩具"的行为发生之后,老师立刻将小佑拿到的玩具归还给了同伴,不让小佑有玩这个玩具的机会。与此同时,只有当小佑对同伴说出"借给我吧"时,他才能获得玩具,并得到老师的表扬。

实例 6　无法有效表达自己想和同伴一起玩的需求

孩子的情况　3 岁

小陆会推搡同伴，或者抢走同伴正在玩的玩具，有时还会推倒同伴正在搭的积木。于是，同伴会追着小陆跑，而小陆则一边回头看向正在追他的同伴，一边开心地四处逃。

老师认为小陆是因为想要得到同伴正在玩的玩具，才推搡同伴，于是，老师就拿给小陆同样的玩具，可是小陆并不玩。

为什么呢？

我们从小陆的行为表现上可以看出，小陆很喜欢这样被同伴追赶，而且即使他得到了玩具也不玩，这表明他真正想要的是与同伴一起玩。但是，小陆不知道如何正确表达自己的这种想法，不过他发现每当他推搡同伴或拿走同伴的玩具时，总能立刻吸引到同伴的注意。

解决方案

于是，老师决定教小陆如何恰当地与同伴玩耍，教他如何正确地向同伴发出邀请。首先，老师组织小陆与其他几个孩子一起玩搭积木或立体拼插及过家家等游戏。这些都是孩子们平时最常玩的游戏，而且小陆也有能力参与。老师会向小陆做出示范，并向他讲解游戏方法，直到小陆不再需要指导也能参与这些游戏，老师就逐渐撤除辅助，让孩子们自己在一起玩。

当小陆表现出很希望与同伴一起玩的时候，老师就轻声告诉他："说'一起玩吧'。"然后，老师一直在旁引导小陆，直到他能够主动地对同伴说出"一起玩吧"。经过几次这样的练习，小陆学会了主动邀请同伴一起玩，他终于能和大家一起玩了。

支持要点

小陆出现"推搡同伴"和"抢玩具"的行为后，他与同伴的互动就多了起来。

A	B	C
● 游戏场景 ● 同伴在附近 ● 和同伴没有互动	推搡同伴	● 能够和同伴互动

```
┌─────────────┐      ┌─────────┐      ┌──────────────┐
│     A       │      │    B    │      │      C       │
│ ● 游戏场景   │  →   │  抢玩具  │  →   │ ● 能够和同伴互动 │
│ ● 同伴在附近 │      │         │      │              │
│ ● 和同伴没有互动 │   │         │      │              │
└─────────────┘      └─────────┘      └──────────────┘
```

然而,"推搡同伴"和"抢玩具"都不是适当行为。为了让小陆能够更好地与同伴互动,老师利用游戏场景引导他"与同伴一起玩积木或立体拼插",并且教他向同伴发出"一起玩吧"的邀请。小陆通过模仿老师的做法,最后成功地与同伴互动了起来。

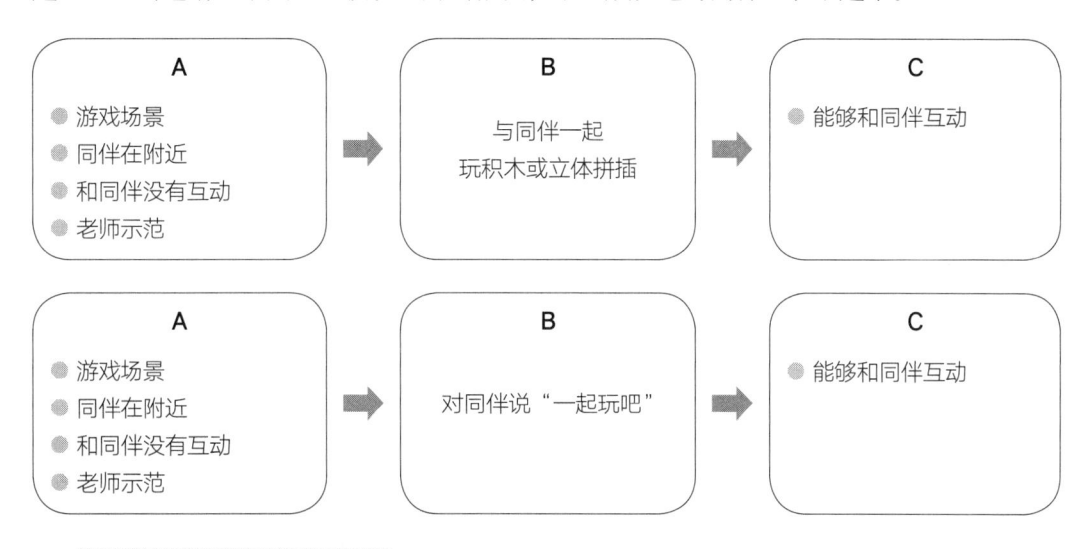

```
┌─────────────┐      ┌──────────────┐      ┌──────────────┐
│     A       │      │      B       │      │      C       │
│ ● 游戏场景   │  →   │  与同伴一起   │  →   │ ● 能够和同伴互动 │
│ ● 同伴在附近 │      │ 玩积木或立体拼插│      │              │
│ ● 和同伴没有互动 │   │              │      │              │
│ ● 老师示范   │      │              │      │              │
└─────────────┘      └──────────────┘      └──────────────┘
```

```
┌─────────────┐      ┌──────────────┐      ┌──────────────┐
│     A       │      │      B       │      │      C       │
│ ● 游戏场景   │  →   │ 对同伴说"一起玩吧" │  →   │ ● 能够和同伴互动 │
│ ● 同伴在附近 │      │              │      │              │
│ ● 和同伴没有互动 │   │              │      │              │
│ ● 老师示范   │      │              │      │              │
└─────────────┘      └──────────────┘      └──────────────┘
```

思考的要点　ABA 理论

行为的功能

提要求

- 小陆在做出"推搡同伴"行为的背后,存在"他想和同伴一起玩"的需求。这个行为发生之后马上出现的与人互动的结果导致了这个问题行为的发生频率增加。

随机教学

- 为了让小陆练习"与同伴一起玩积木或立体拼插"和"对同伴说'一起玩吧'"的适当行为,老师可以利用游戏时间进行教学。

示范

- 为了让小陆掌握如何恰当地与同伴玩耍及正确地参与互动游戏,老师示范了搭积木和向同伴发出"一起玩吧"的邀请的方法。小陆通过模仿老师的示范,学习了正确的互动技能。

实例 7　虽然能够有效表达但仍然无法顺利互动

孩子的情况　6 岁

阳阳在玩积木或拼图时，经常会擅自拿走同伴的玩具。虽然阳阳可以用"借给我吧"或"一起玩吧"的话语表达自己的需求，但她这种随意拿走同伴玩具的行为仍然很常见。此外，班级里不光阳阳会这样，其他孩子也经常会试图拿走同伴正在使用的玩具。在游戏时间里，班上的孩子们总是冲突不断。

为什么呢？

即使阳阳能够对同伴说"借给我吧"或"一起玩吧"，但如果她没能获得预期的结果（强化物），这个适当行为也会减少。如果阳阳说了"借给我吧"之后却没能获得玩具，那么她就会直接从同伴那里拿走玩具。如果阳阳说了"一起玩吧"，却没被接受，那么她就会通过拿走同伴的玩具来获得与别人互动的机会。

解决方案

首先，老师发现，孩子们喜欢同样的活动，这会导致玩具不足。老师认为这是引起孩子们之间出现冲突的一个原因。于是，老师增加了孩子们都喜欢的积木的数量，还制作了不同难度的多种拼图。

然后，老师教孩子们玩一些需要彼此合作的游戏。例如，当有孩子对老师说"老师，这个拼图很难"时，老师就会对大家说"那么大家一起来玩吧"，并邀请其他孩子参与，创造多人一起拼拼图的机会。此外，老师会带领大家把桌子拼在一起，并设置多种游戏场景，创造出大家一起玩黏土、用蜡笔画画等集体游戏的机会。在这些集体游戏中，孩子们学会了如何与其他人共享玩具。

支持要点

阳阳虽然做出"对同伴说'借给我吧'"这样的适当行为，但仍然没法获得玩具。相反，她在做出"直接拿走同伴的玩具"的问题行为之后，却成功地获得玩具。

A		B		C
• 在玩玩具的同伴 • 没有玩具	→	对同伴说"借给我吧"	→	• 没有获得玩具 • 不能玩玩具

A		B		C
• 在玩玩具的同伴 • 没有玩具	→	直接拿走同伴的玩具	→	• 获得玩具 • 可以玩玩具

为此，老师增加了孩子们都喜欢的积木和拼图等玩具的数量，这样，孩子们不用做出"直接拿走同伴的玩具"的行为，也可以玩到自己想要的玩具了。

同时，老师创造了更多让孩子们学会分享玩具的机会。例如，老师准备了一些难度较大的拼图，如果孩子一个人单独拼拼图无法获得最后的成功（因为太难），那么他就能在"与同伴合作拼拼图"的过程中逐渐体会集体合作带来的快乐。此外，老师还将桌子拼在一起，引导孩子们一起玩橡皮泥，或者一起画画。

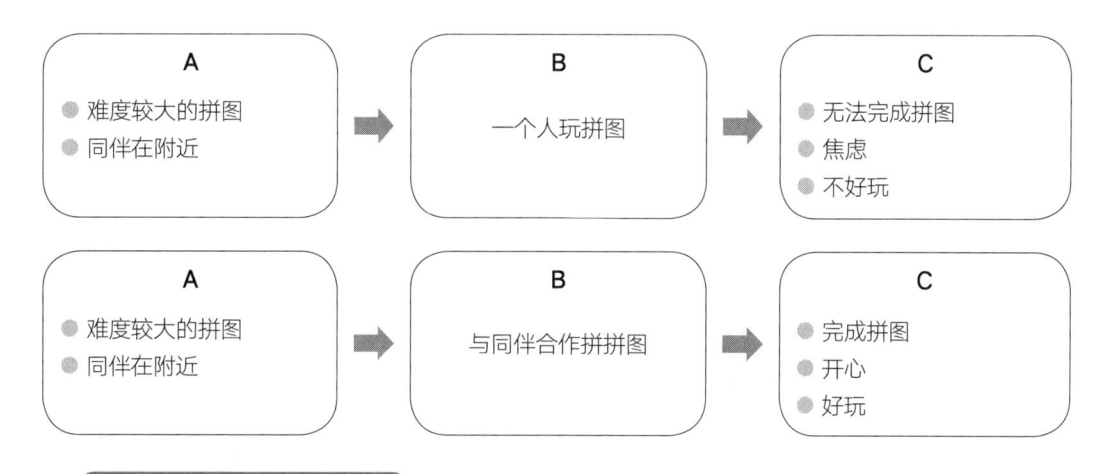

A		B		C
• 难度较大的拼图 • 同伴在附近	→	一个人玩拼图	→	• 无法完成拼图 • 焦虑 • 不好玩

A		B		C
• 难度较大的拼图 • 同伴在附近	→	与同伴合作拼拼图	→	• 完成拼图 • 开心 • 好玩

思考的要点　ABA 理论

前提

提要求

- 阳阳和班级里的其他一些孩子都出现了"直接拿走同伴的玩具"的行为，其原因之一可能是在该行为发生之前，环境中缺少足够数量的玩具。为此，老师增加了积木和拼图等玩具的数量，使环境中的玩具不再缺乏，从而减少了"直接拿走同伴的玩具"的行为在这个班级里的发生频率。

随即教学

- 为了引导阳阳和其他孩子做出"与同伴合作玩拼图"等分享玩具的行为，老师准备了能让多个孩子坐在一起的大桌子，并创造了合作机会，让孩子们有了一起用黏土和蜡笔等工具集体制作作品或绘画的体验。

情景 4
对同伴做出危险行为

实例 8　对同伴做出令人讨厌的举动

孩子的情况　4 岁

小春在集体排队行走时、做餐前准备时或在鞋柜前脱鞋时，经常骑到同伴身上，或者做出推搡或搂抱的举动。同伴会反感地说"不要这样"或者追逐小春。尽管小春看上去很开心，但同伴看起来并不是与小春逗着玩儿，而是真的想让小春停止这种骚扰。

每当这时，老师都会提醒小春，"他在喊疼呢""不可以推人"。当小春接近同伴时，老师也会提醒他，"小春，你离他太近了""要保持远一点儿的距离"。

为什么呢？

对小春来说，同伴对他大喊"不要这样"或在身后追逐他的行为都是同伴与自己玩乐的一种方式。这种互动方式在小春看来非常有趣，因而他经常会骑到同伴身上或搂抱同伴。

解决方案

一方面，在小春搂抱同伴时，老师会立即上前把小春拉开，以防他对同伴做出危险行为。另一方面，当小春能够以适当的方式与同伴玩耍时，老师就会表扬小春"你玩得真好"。这样就能让小春既体验到与同伴玩耍的快乐，又受到老师的表扬，两全其美。

此外，每当集体排队行走时，老师都会给孩子们示范如何安静地行走，让所有孩子都模仿老师的走路动作。小春也学会了在排队行走时模仿老师走路，而不再去骚扰同伴，还因此获得了更多的表扬。

在大家做餐前准备或在鞋柜前脱鞋子时，老师会把孩子们分成小组，这样一来，所有孩子都可以安静地做自己该做的事情了。

支持要点

小春"搂抱同伴"等行为发生频率的增加，是因为他做出这些行为后同伴会对他大喊"不要这样"或者来追逐他，这让小春获得了与同伴互动的机会。

因此，在小春"搂抱同伴"的行为发生之后，老师会立即把小春拉开，不让他有机会与同伴进行不当的互动。同时，当小春做出"与同伴友好地玩耍"等适当行为时，老师一定会表扬他。

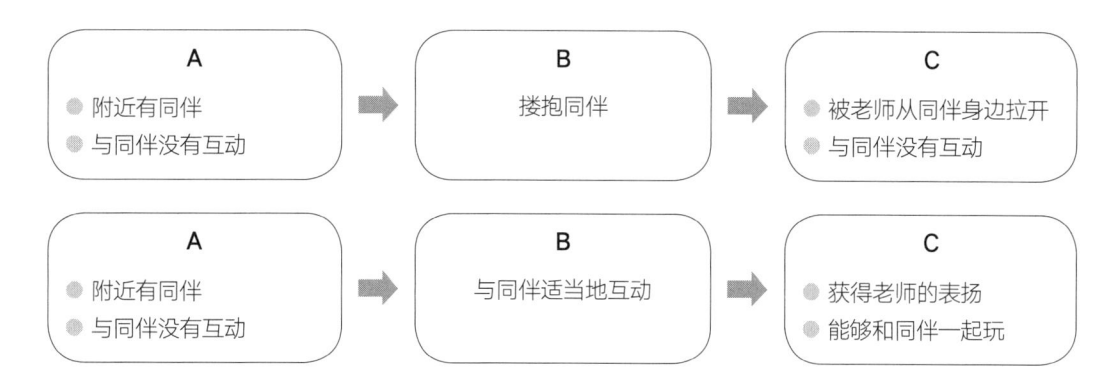

A	B	C
● 附近有同伴 ● 与同伴没有互动	搂抱同伴	● 被老师从同伴身边拉开 ● 与同伴没有互动

A	B	C
● 附近有同伴 ● 与同伴没有互动	与同伴适当地互动	● 获得老师的表扬 ● 能够和同伴一起玩

另外,老师示范了如何在走廊里安静地行走,孩子们看了之后都模仿老师,并获得了老师的称赞。

A	B	C
● 在走廊行走时 ● 老师示范走路动作	安静地行走	● 获得老师的表扬

当很多孩子同时参加一项活动时,小春偶尔还会兴奋地推搡同伴。为了让他可以安静地参与活动,老师采取分组进行的方式,减少了同时参与活动的人数。

思考的要点　ABA 理论

行为的功能

提要求

- 小春做出"骑在同伴身上"和"搂抱同伴"等行为的背后,存在"他想与同伴互动"的需求。而同伴对他喊"不要这样"或追着他跑的反应,使他"骑在同伴身上"和"搂抱同伴"等行为的发生频率增加了。

差别强化

- 当小春"搂抱同伴"的行为发生时,老师立即把小春拉开,以免引起同伴的过度关注,也让小春无法继续与同伴进行这种不当互动。与此同时,当"与同伴适当地互动"的行为出现时,小春就能得到老师的表扬,也能与同伴一起开心地玩耍。

示范

- 为了让孩子们学习如何安静地在走廊上行走,老师一边说"我们要慢慢地走",一边做出示范。孩子们看着老师的示范,模仿老师的走路动作。

实例 9　输不起

孩子的情况　4 岁

在用猜拳游戏（如石头剪刀布）决定进行一项游戏的顺序时，其他孩子都能够按照规则依次玩游戏，但小光不能。他会插队排到前面或推搡前面的孩子，尤其是在他快要输掉的时候，他就会更频繁地推搡前面的孩子。其他孩子看到小光插队，或者被小光推搡之后，通常会喊"别推我啊"，然后再推回去。有时候，小光甚至会和其他孩子打起来。

老师告诫小光不能推人，小光看上去接受了老师讲的道理，也能向同伴道歉，但是他一旦加入集体游戏，还是总推人。

另外，每当小光在游戏中输掉时，他都会大哭，老师和同伴就会来安慰他，鼓励他，可是他往往难以停止哭泣，有时甚至会无法参加后面的活动。

为什么呢？

小光很害怕失败，插队或推搡同伴都是为了避免失败而做出的举动。

每当自己快要输掉游戏时，小光就会变得非常专注，以至于好像根本听不到老师的指示。只有在被老师责备之后，他才会意识到自己插队了或推搡了前面的孩子。

解决方案

在游戏开始前，老师除了讲解了游戏规则，还示范了游戏中的适当行为和不适当行为。例如，老师问孩子们："等待的时候应该怎么做？"孩子们回答："在场上为大家加油。""坐好等待。"老师会微笑着肯定他们说："对呀。"然后老师问："可以推旁边的同学吗？""可以站起来喊加油吗？"从而确认孩子们是否知道哪些是不适当的行为。此外，在游戏开始之前，老师还可以问："哪个队是最会加油的队？""哪个队最能遵守秩序？"等等，从而增强孩子们遵守秩序的动因，引导他们做出适当的行为。

当游戏结束时，老师不仅会宣布胜负结果，还会宣布每位小朋友在游戏中的表现是否适当，并当众表扬那些做出适当行为的孩子。

支持要点

以前，老师只是向孩子们讲解游戏规则，没有对排队和等待方式给予太多的说明。包括小光在内的所有孩子都会努力遵守游戏规则并争取胜利，只是小光想抢在同伴之前更早地玩游戏，因此，他会出现冲动地"插队"行为。然而，这也成了小光被同伴指责，和同伴争吵，以及被老师批评的导火索。在这种情况下，老师往往会更多地批评不适当的"插队"行为，对于适当的"遵守排队顺序"的行为，却很少给出表扬。

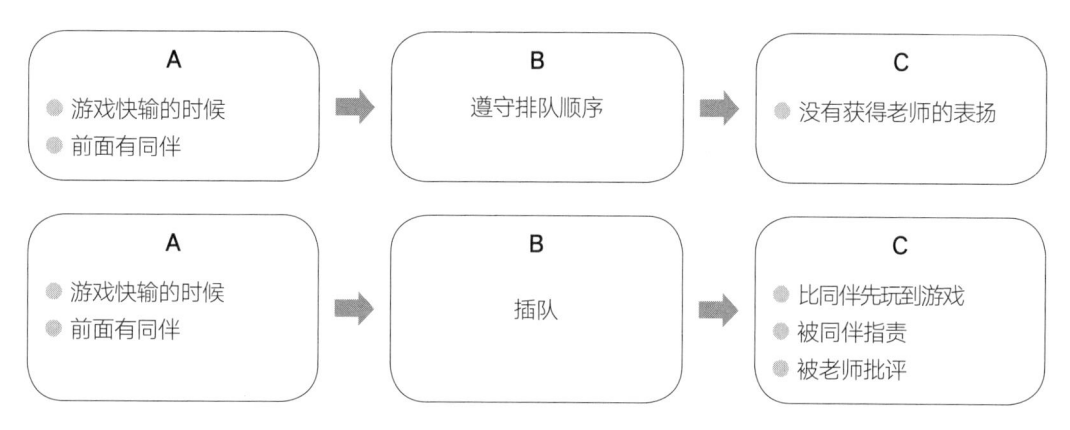

A	B	C
● 游戏快输的时候 ● 前面有同伴	遵守排队顺序	● 没有获得老师的表扬

A	B	C
● 游戏快输的时候 ● 前面有同伴	插队	● 比同伴先玩到游戏 ● 被同伴指责 ● 被老师批评

于是，老师在开始游戏之前分别展示了适当行为和不适当行为，并提问："哪个队可以遵守秩序呢？"还在游戏中鼓励孩子们做出适当行为。通过这样的干预方法，孩子们在玩游戏时就出现了更多的适当行为。

另外，在游戏结束后，老师会和孩子们一起回顾，看看谁更好地遵守了之前的约定，并表扬那些能按秩序参与游戏的孩子。

A	B	C
● 游戏快输的时候 ● 前面有同伴 ● 遵守约定的游戏秩序	遵守排队顺序	● 获得老师的表扬

思考的要点　ABA 理论

前提
- 为了使小光和其他孩子"遵守排队顺序"的行为更容易发生，老师与孩子们事先做好约定。通过这样的方式，小光和其他孩子"遵守排队顺序"的行为更容易出现了。

后果
强化物出现导致行为被强化
- 小光和其他孩子做出"遵守排队顺序"的行为之后，获得了老师的表扬。因此，小光和其他孩子"遵守排队顺序"的行为发生频率增加了。

实例 10　会玩的游戏种类太少

孩子的情况　3岁

小花在玩游戏时，经常会把过家家用的玩具扔出去，有时还会打到同伴，把同伴弄哭。另外，她在沙坑里玩的时候会乱扔沙子，惹得身边的同伴大声抱怨"不要啊"，而她却跑开了。

老师会提醒小花"这些玩具不是用来扔的哦"，但小花对此没什么反应，扔玩具的次数也并未减少。

小花并非故意将玩具扔向同伴，也不是故意向身边的同伴扔沙子，她看上去似乎在享受把玩具扔出去的感觉，也似乎在欣赏沙尘飞扬的景象。

为什么呢？

小花从来不玩过家家的游戏，因为她不知道该怎么玩，而且她对那种适当的玩法也不感兴趣。

对于小花来说，无论是过家家用的玩具还是沙坑里的沙子，在被她扔出去之后，下落的情景和掉在地上的声音都要比游戏本身有趣多了。

解决方案

老师发现小花经常扔玩具和沙子，为此专门准备了能够扔着玩且即使打到其他孩子身上也不疼的玩具。老师还教小花在玩沙子时把沙子装进饮料瓶里，然后摇晃瓶子，听瓶子发出的沙沙声响。小花很喜欢这样玩，她玩得很开心。

此外，除了扔被打到不疼的玩具和摇动装了沙子的瓶子，老师还教小花和其他孩子用沙子做沙雕，引导他们先把沙子装进杯子里，然后把杯子倒扣过来，做出立体的沙雕。当小花可以很好地玩这个游戏时，老师就会面带微笑地夸赞她。

支持要点

小花喜欢扔玩具和沙子，由于没有可以专门用来扔的玩具，她就扔过家家用的玩具。她享受着看玩具飞出去的样子和听玩具掉落在地上的声音，即使被老师提醒，她"扔过家家用的玩具"的行为也一直没减少。

于是，老师准备了一个可以扔的软球。这样小花即使做出"扔软球"的行为，也不会被老师提醒或批评，她可以继续愉快地玩耍了。

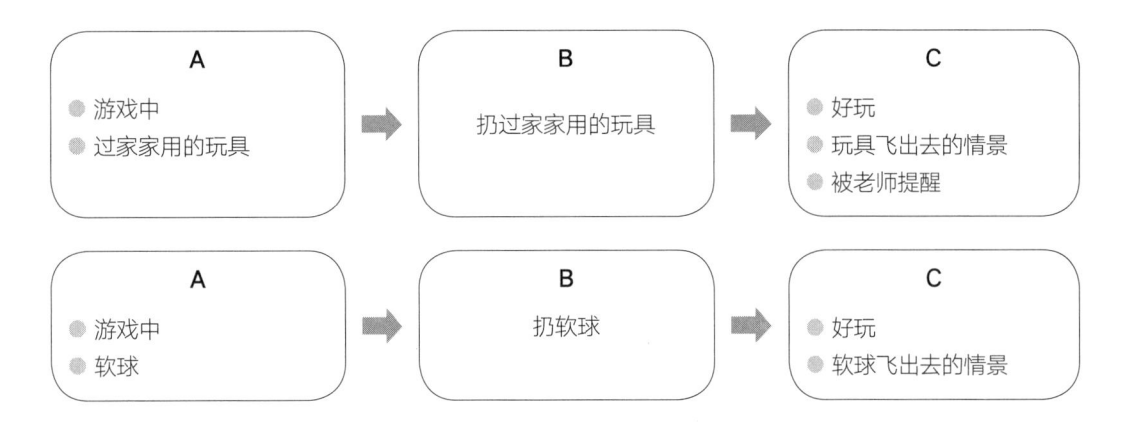

A		B		C
● 游戏中 ● 过家家用的玩具	→	扔过家家用的玩具	→	● 好玩 ● 玩具飞出去的情景 ● 被老师提醒

A		B		C
● 游戏中 ● 软球	→	扔软球	→	● 好玩 ● 软球飞出去的情景

另外，老师为了教小花玩其他孩子玩的游戏，还示范了"把沙子装进杯子里"的玩法。同时，只要小花能够把一点点沙子装进杯子里，老师就会给予充分的表扬，直到小花用沙子把杯子填满。

A		B		C
● 沙坑 ● 杯子 ● 老师的示范	→	把沙子装进杯子里	→	● 获得老师的表扬

接下来，老师示范了"把装满沙子的杯子倒扣过来"，如果小花按照示范做，老师就给予充分的表扬，而且，老师会指着小花做的沙雕说"做得很好"，然后与小花一起击掌庆祝。通过这种方式，老师逐渐教会了小花其他孩子会玩的一种游戏玩法。

A		B		C
● 沙坑 ● 杯子 ● 老师的示范	→	把装满沙子的杯子倒扣过来	→	● 沙雕做成了 ● 获得老师的表扬 ● 和老师击掌

思考的要点　ABA 理论

示范
- 为了让小花学习正确的游戏玩法，老师示范了如何将沙子装进杯子并倒扣过来。小花通过观察并模仿老师的示范，学会了这个游戏玩法。

后果
强化物的出现导致行为被强化
- 小花"把沙子装进杯子里"并"把装满沙子的杯子倒扣过来"之后，得到了老师的表扬，并和老师击了掌，因此小花"把沙子装进杯子里"和"把装满沙子的杯子倒扣过来"的行为发生频率增加了。

情景 5

做被禁止的事

实例 11 通过扔沙子获取老师的关注

孩子的情况　3 岁

在沙坑里玩的时候，小琳经常会扔沙子，有时还会不小心扔到附近的其他孩子身上。老师会提醒小琳"不要扔沙子哦"，但小琳却笑嘻嘻地跑开了。即使老师追着提醒，小琳还是会继续扔沙子。

老师在开始玩之前会问小琳："扔沙子是对的吗？"小琳会回答："不对。"可是即便事先约定了"不扔沙子"，小琳还是会一边看着老师一边扔沙子。

然而，当主班老师不在，只有其他老师在场的时候，大家就没有看到过小琳扔沙子。

为什么呢？

当主班老师不在场时，小琳从没扔过沙子。此外，即使她知道不该扔沙子，也会一边观察老师的反应一边扔沙子，每当这时老师都会慌忙上前制止。

由此可见，老师对小琳的这种关注反而成了一种与她的互动，导致她反复故意做出这个问题行为。

解决方案

老师与小琳达成了"如果扔沙子就不能再玩"的约定。如果小琳仍然在沙坑里扔沙子，那么老师尽可能不予过度关注，只是跟她说"咱们说好的哟"，并引导她去其他地方玩。大约 5 分钟之后，老师再和小琳确认约定，并准许她回到沙坑里玩。经过几次这样的处理，小琳不再扔沙子了。同时，老师会在小琳与同伴一起做堆沙山之类的适当游戏时，对小琳给予热情的关注及赞扬，比如对她说："你堆出了一个好大的沙山哟。"

支持要点

小琳"在沙坑里扔沙子"的行为，获得了老师的关注，比如老师会对她说"这可不行哦"，因此她很开心地继续做出"在沙坑里扔沙子"的问题行为。

A	B	C
● 老师在旁边 ● 在沙坑里玩 ● 没有来自老师的关注	在沙坑里扔沙子	● 老师说"不行哦" ● 获得老师的关注

因此,当小琳做出"在沙坑里扔沙子"的问题行为时,老师应该尽可能减少关注,并在一定时间内禁止小琳在沙坑里玩儿。为了避免沙子落在其他孩子身上出现受伤等情况,小琳"在沙坑里扔沙子"的行为需要立即减少,因此老师采取这样的带离措施也是必要的。同时,对于小琳出现的适当行为,比如"堆沙山",老师会立即表扬并给予充分的关注。

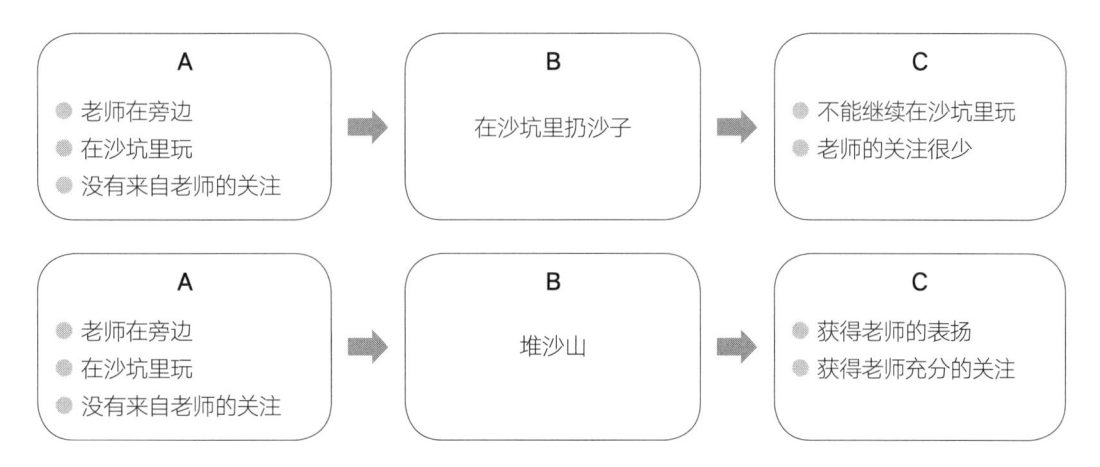

A	B	C
● 老师在旁边 ● 在沙坑里玩 ● 没有来自老师的关注	在沙坑里扔沙子	● 不能继续在沙坑里玩 ● 老师的关注很少

A	B	C
● 老师在旁边 ● 在沙坑里玩 ● 没有来自老师的关注	堆沙山	● 获得老师的表扬 ● 获得老师充分的关注

老师通过减少对问题行为的关注,同时增加对适当行为的关注,让小琳"在沙坑里扔沙子"的问题行为的发生频率减少了,"堆沙山"等适当行为的发生频率增加了。

> **思考的要点　ABA 理论**
>
> **行为的功能**
> 关注
> ◆ 小琳做出"在沙坑里扔沙子"的行为背后,存在"她想获得老师的关注"的需求。小琳扔了沙子,老师会着急地对她说"不行哦",因此她"在沙坑里扔沙子"的行为发生频率增加了。
>
> **后果**
> 强化物消失导致行为被惩罚
> ◆ "在沙坑里扔沙子"的行为发生之后,小琳就无法继续在沙坑里玩了,老师通过这样的干预方法,让小琳"在沙坑里扔沙子"的行为发生频率减少了。

实例 12　不懂玩具的正确玩法

孩子的情况　3岁

在教室内玩积木时,小樱从不搭积木,还经常把同伴搭好的积木推倒。同伴会"啊啊"地大叫把老师吸引过来。老师过来后就会提醒小樱:"这是别人搭好的,你不能推倒哦。"小樱一边说"嗯"一边向同伴道歉,但是随后她仍然会推倒同伴的积木。老师询问了小樱的母亲,得知她在家里也喜欢推倒积木,但并没有人对她提出批评。

为什么呢?

无论是在家里还是在幼儿园,小樱从来没有像其他孩子那样搭建或摆放过积木,对她来说积木更像是专门用来推倒的玩具。老师虽然提醒了她"不能推倒哦",但并没有教她应该如何正确地玩积木。小樱也就只能用她一贯的玩法——直接推倒积木。

此外,每当小樱推倒积木,她就能获得老师和同伴的关注。因此,小樱的这个问题行为有可能因老师和同伴随之而来的关注而得到了强化。

解决方案

之前,老师总是告诫小樱"不可以这样做""不可以那样做",却没有教她应该怎么玩。现在,老师一边对小樱说"试一试,像我这样搭",一边做出示范,一步步地引导小樱掌握正确的玩法。每当小樱成功地模仿了老师的示范时,老师就夸赞她"搭得很好"。此外,为了增进孩子们之间的交流,老师还设立了一个时间段让孩子们展示自己搭建的作品。这样一来,孩子们就会互相询问"这是什么",从而使小樱获得更多和同伴交流的机会。

支持要点

小樱在家里享受推倒积木和积木倒下发出的声音的乐趣,她并不了解幼儿园老师希望大家用搭建的方式玩积木。此外,每当小樱做出"推倒积木"的行为时,都会得到老师和同伴的关注,这时候小樱就会很开心。

A	B	C
● 游戏时间 ● 不懂玩法 ● 小朋友搭好的积木 ● 没有老师和同伴的关注	推倒积木	● 积木倒下时发出噼里啪啦的声音 ● 获得老师和同伴的关注 ● 被老师提醒

老师虽然提醒小樱"不行哦",但没有教她积木的正确玩法,因此小樱"搭积木"的行为发生频率没有增加。后来老师向小樱示范如何搭积木,当小樱能模仿时老师就给予表扬,从而教会了小樱积木的正确玩法。

A	B	C
● 游戏时间 ● 不懂玩法 ● 积木 ● 老师示范	搭积木	● 能够用积木搭建作品 ● 受到老师表扬

另外,老师用表扬小樱的作品,并让小樱向大家介绍搭法的方式吸引了同伴对小樱的关注,小樱"搭积木"的行为出现频率因此增加了。

A	B	C
● 游戏时间 ● 积木	用积木搭建作品	● 受到老师表扬 ● 获得同伴的关注

思考的要点　ABA 理论

行为的功能
关注和感官刺激
- 小樱做出"推倒积木"的行为背后,存在"她想获得同伴和老师的关注",以及"她享受积木倒下时发出的噼里啪啦的声音"的需求,由于小樱做出"推倒积木"的行为后,她的需求得到了满足,小樱"推倒积木"的行为发生频率增加了。

示范
- 为了让小樱学会积木的正确玩法,老师给她示范了如何搭积木。小樱看着老师的示范进行模仿,学习积木的正确玩法。

后果
强化物的出现导致行为被强化
- 小樱做出"搭积木"的行为之后,得到了老师的表扬,获得了同伴的关注,因此小樱"搭积木"的行为发生频率增加了。

实例 13　利用问题行为尽快获得快乐结果

孩子的情况　6岁

在游戏时间，小伊为了尽快去操场上玩球，会以惊人的速度跑过走廊。因为这种做法太危险了，所以老师总会提醒他不要这样做，但是小伊总是一边说"我知道了"，一边继续奔跑。于是，老师会在事前要求他"你要慢慢地走""你这样跑会摔倒，也会撞到别人"。即便如此，小伊还是会在走廊猛跑。

老师还向小伊解释说："你不用跑得那么快也能玩到球。"但小伊一到游戏时间还是会猛冲出去。他曾经撞到过年龄更小的孩子，自己也摔倒过，出现过好几次危险的情况。更麻烦的是，其他孩子也学着小伊的样子在走廊上猛跑。无论老师怎样提醒，小伊还是经常在走廊里奔跑。

为什么呢？

在幼儿园里有很多球，大家即使不跑去操场，也可以玩到球。小伊好像也明白这一点，可就是无法控制自己那种想要尽快玩到球的心情，总是会冲去操场。

解决方案

小伊的这种做法已经导致出现了几次危险情况，比如他在走廊里摔倒，或者撞到别人等，而且其他孩子也开始效仿他。

于是，老师向孩子们详细讲解了道理，告诉大家在走廊里奔跑可能会让自己摔倒，也可能会撞到同伴，是很危险的举动，还表达了希望大家都能够在走廊上安全行走的愿望。然后，老师问孩子们："如果有谁仍在走廊里奔跑，该怎么办呢？"让孩子们给出各自的意见。随后，老师和孩子们一起制定了规则：如果谁在走廊上奔跑，他就得回到教室重新出发去操场。这是面向全班同学的规则。如果有人违反了规则，他玩球的时间就会减少。

此后，小伊终于能够忍住要快点玩儿的冲动，可以走着前往操场了。同样，其他孩子也养成了安全行走的习惯，并得到了老师的表扬。

支持要点

在游戏时间里，小伊做出"在走廊上奔跑"的行为，被老师提醒后，小伊还是这样奔跑，以便尽快去操场玩球。

A	B	C
● 游戏时间 ● 操场上有球 ● 在走廊上奔跑的同伴	在走廊里奔跑	● 被老师提醒 ● 能尽快玩到球

于是，老师和孩子们一起制定了"谁如果在走廊上奔跑，就要回到教室重新出发"的规则。根据这个规则，孩子们"在走廊上奔跑"的行为会导致他们无法尽快到操场玩球。与此相反，"在走廊上行走"的孩子反而能更快地玩到球，还可以得到老师的夸奖，因此孩子们"在走廊上行走"的行为发生频率增加了。

"在走廊上奔跑就得回到教室重新出发"是全班同学一起制定的规则，大家必须遵守，因此每个人都要"在走廊上安全行走"。孩子们都不再奔跑了，小伊也开始模仿大家的样子"在走廊上行走"。

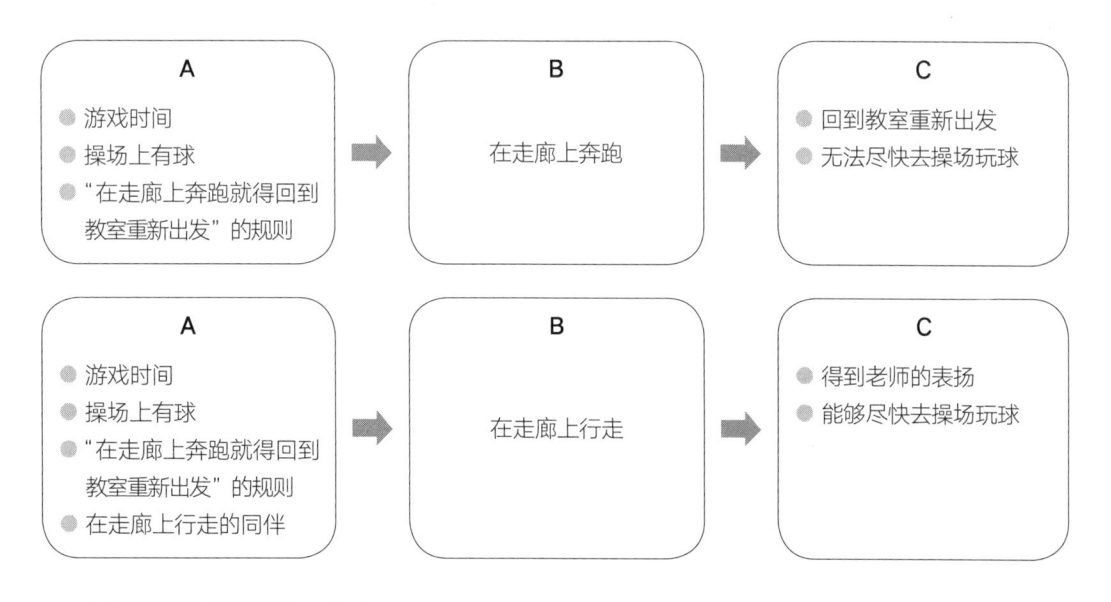

A	B	C
● 游戏时间 ● 操场上有球 ● "在走廊上奔跑就得回到教室重新出发"的规则	在走廊上奔跑	● 回到教室重新出发 ● 无法尽快去操场玩球

A	B	C
● 游戏时间 ● 操场上有球 ● "在走廊上奔跑就得回到教室重新出发"的规则 ● 在走廊上行走的同伴	在走廊上行走	● 得到老师的表扬 ● 能够尽快去操场玩球

思考的要点　ABA 理论

后果

强化物的消失导致行为被惩罚

- 小伊和其他孩子"在走廊上奔跑"的行为使玩球的时间缩短了，因此小伊和其他孩子"在走廊上奔跑"的行为发生频率减少了。

前提

- 为了让小伊和其他孩子"在走廊上奔跑"的行为不易发生，老师带领大家一起制定了"在走廊上奔跑就得回到教室重新出发"的规则。

情景 6
不积极参与运动

实例 14 因尝试参与某项运动不成功而变得消极

孩子的情况　6岁

小海在操场上做运动的时候，经常会停下来不做运动，而跑去玩沙子，或者和同伴聊天。在老师的提醒下，小海也能够继续参与运动，但老师不在场的时候，他就又会停下来，因此老师不得不频繁地提醒他。尽管老师也不断地夸奖小海，表扬他积极参与运动，可小海仍然需要在提醒之下才能持续做运动。

小海不擅长运动，不会跳跳箱，走平衡木时也总会掉下来。在集体游戏时间里，他不参与球类运动或追逐游戏，只是玩沙子、荡秋千，或者与老师或同伴聊天。

为什么呢？

小海曾多次参与那些运动，但总是做不好。由于这种不成功的体验，他对参与那些运动变得很消极。

解决方案

老师为了帮助小海成功地跳跳箱、走平衡木，提供了直接的肢体辅助，但是老师无法一直陪伴小海做那些运动。

于是，老师重新调整了孩子们参与运动的方式，为那些不擅长运动的孩子提供了选择不同运动方式的机会，使他们可以避免失败的体验。例如，老师准备了两种跳箱的运动方式：一种是直接用手撑着跳过去，另一种是先跳起来坐在跳箱上，再跳下去。那些无法直接用手撑着跳过去的孩子可以选择第二种方式。此外，老师还专门为那些不怎么会走平衡木的孩子准备了跳房子的活动，以供他们选择。

通过增加选择机会，包括小海在内的许多孩子都能够参与自己挑选的运动而不会失败。同时，他们也得到了更多的表扬，因此，他们参与运动时更积极主动了。

支持要点

由于不擅长运动，小海经常在做出"参与运动"的行为后体验到失败，心情沮丧。尽管老师在小海失败后仍然会赞扬他"参与运动"的行为，可是小海的失败体验和沮丧心情并未消失，因此他"参与运动"的行为并没有增加。

A		B		C
● 运动时间 ● 很可能会失败的运动 ● 担心自己失败	→	参与运动	→	● 失败体验 ● 心情沮丧 ● 得到老师的赞扬

于是，为了防止小海做出"参与运动"的行为后出现失败的情况，也为了增加小海获得成功的可能性，老师给孩子们提供了多样的活动选择。小海通过选择自己成功可能性比较大的活动，增加了"参与运动"的行为带来的成功体验，这使得小海越来越积极地参与运动了。

有些孩子与小海不同，他们即使失败了也不会失去"参与运动"的积极性。这样的孩子通过"参与运动"积累经验，从而减少失败的体验，这可能是他们"参与运动"的行为发生频率增加的原因。

思考的要点　ABA 理论

后果
厌恶刺激的出现导致行为被惩罚
◆ 小海做出"参与运动"的行为后，获得了失败的体验，因此，他"参与运动"的行为发生频率减少了。

后果
强化物的出现导致行为被强化
◆ 小海及其他孩子做出"参与运动"的行为后，获得了成功，因此，他们"参与运动"的行为发生频率增加了。

实例 15　因参与运动后不再有成就感或不再有进步而变得消极

孩子的情况　6岁

小壮擅长运动，经常得到赞扬，但是他经常在自己做完运动后，指出同伴做错的地方。例如，当同伴做错时，他会马上指出同伴的错误："不对哟！""你错了！""你不能这样！"被小壮指责的孩子会感到很不愉快，有时甚至会和小壮发生争吵和冲突。老师告诉小壮他应该去参与自己该做的运动而不是指出同伴的错误。但是，当老师看不到的时候，小壮仍然不参与自己的运动而是去指出同伴的错误。

为什么呢？

小壮擅长运动，在活动中表现得也很好，慢慢地，老师也就减少了对小壮的赞扬。另外，小壮已经熟练掌握了运动技能，参与运动已经不能给他带来成就感了，他也就变得越来越消极了。

解决方案

老师为了让包括小壮在内的孩子都积极地参与运动，会给达成目标的孩子定一些响亮的头衔，如"某某大师""某某达人""某某奇才"等，还会将获得头衔的孩子的名字贴在教室前面的公告栏里。

例如，在跳绳项目中，谁如果能连续跳10次，就可以获得"跳绳大师"称号，如果能连续跳20次，就可以获得"跳绳达人"称号，如果能连续向后甩绳跳10次，就可以获得"跳绳奇才"称号。当孩子达成一个目标时，下一个目标会继续激励他们。每当孩子达成目标时，他们的名字就会被贴在教室前面的公告栏里，得到同伴、老师和家长的关注和赞赏。对于其他运动项目，老师也采取了同样的鼓励措施。

小壮把获得所有运动项目的"奇才"称号作为自己的目标，因此，他参与运动时变得比以前更积极了。由于获得"奇才"称号的目标非常高，小壮非常努力。与此同时，小壮再也不在运动时跑去挑同伴的错误了。

支持要点

小壮很擅长运动，他在所有的运动中都表现得很出色。因此，他很少会感受到"参与运动"的行为带来的成就感，将运动技能掌握得更加熟练也没有给他带来太多的喜悦，这导致他"参与运动"的行为发生频率逐渐减少，"观察同伴并指出错误"的行为更容易发生了。

A	B	C
● 运动时间	● 参与运动	● 没有成就感 ● 没有获得将运动技能掌握得更加熟练而带来的喜悦感

于是，老师为每项运动设定了多个目标。这样小壮即使达成了一个目标，也会有更高的目标需要达成，所以小壮在做出"参与运动"的行为后，就能够获得更强烈的成就感和更多的喜悦感。此外，如果小壮获得了某种称号头衔，他的名字将被张贴在教室前面，获得大家的关注和赞许。小壮在这些更高的目标的激励下，开始更加积极地"参与运动"，而且停止了"观察同伴并指出错误"的行为。

A	B	C
● 运动时间 ● 多个目标 ● 写着目标的公告栏	● 参与运动	● 获得成就感 ● 获得喜悦感 ● 名字被张贴在教室前面 ● 获得老师、同伴和家长的关注

另外，由于老师设定了多个目标，那些不擅长运动的孩子也能获得称号。因此，这些孩子比以前更喜欢运动了，也更积极地参与其中。

思考的要点　ABA 理论

消退
◆ 小壮很擅长运动，他做出"参与运动"的行为后，不再能获得成就感和喜悦感，因此，小壮"参与运动"的行为发生频率就减少了。

前提
◆ 为了使小壮"参与运动"的行为更容易发生，老师设定了多个目标，并准备了一个公告栏，如果小壮达成目标，他的名字就可以被张贴在公告栏里。这样，小壮"参与运动"的行为就更容易发生了。

后果
强化物的出现导致行为被强化
◆ 小壮做出"参与运动"的行为后，再次获得了成就感，他的名字被贴在了公告栏里。此外，他开始得到老师和同伴更多的关注。这些因素导致他"参与运动"的行为发生频率增加了。

情景 7
语言很少

实例 16　语言发育迟缓

孩子的情况　4 岁

小晴只会发出"啊""呜"这样的单音，不会说词汇。家长对此非常担心，定期带她去上语言训练课。最近，她可以模仿家长和老师发出的声音了，但仍然很难说出词汇。

每当小晴想要某件东西时，她都会用手指着它。当她想要引起老师的注意时，她会去拉老师的胳膊。当她遇到困难时，比如打不开盖子，她会把物品递给别人。这些是她已有的沟通交流方法。

为什么呢？

无论是在家里、在幼儿园里，还是在开展语言训练等的专业机构里，小晴的语言都严重缺乏。今年开始，她可以发出更多的音了，也可以模仿其他人发出的声音，但与同龄人相比，她的语言发育全面落后。因此，她被评估为"缺乏口语表达技能"。

解决方案

老师将干预目标定为，小晴在早上上学时能说出问候语"早上好"，在下午放学时能说出道别语"拜拜"。以前，小晴在这些场合里只会低着头发出"哦""啊"的声音，现在，老师要慢慢地引导她说出"早——上——好"，即使小晴的发音不够准确，但只要她能一个音一个音地说出来，比如"早——啊——早"，老师就会开心地夸奖她。

当小晴可以说出"早啊早"的时候，老师会稍微强调发音，示范地说"早上——好"。一开始，如果小晴能模仿说出"早啊好"，老师就会笑着表扬她。而在小晴能够自己说出"早啊好"之后，老师就开始强调"上"的发音，在示范时争取让小晴听清楚，并引导她说"早——上——好"，随后，只有当小晴能说出"早上好"的时候，老师才会笑着表扬她。

对于放学时的道别语，老师也用同样的方法教学，一开始，如果小晴在老师示范之后，能说出"爱爱"，老师就会表扬她。而在小晴能稳定地说出道别语"爱爱"之后，老师就只在她说出"拜拜"的时候才对她进行表扬。

支持要点

早上，老师给小晴示范了说问候语"早上好"。当小晴模仿着说出"早啊早"时，老师就会开心地表扬她。

A		B		C
● 早上 ● 老师示范说"早上好"	➡	说"早啊早"	➡	● 老师的笑容 ● 得到老师表扬

当小晴可以主动地用"早啊早"问候时，老师就不再表扬小晴的发音了，只有当小晴可以说出"早啊好"时，老师才会笑着表扬她。

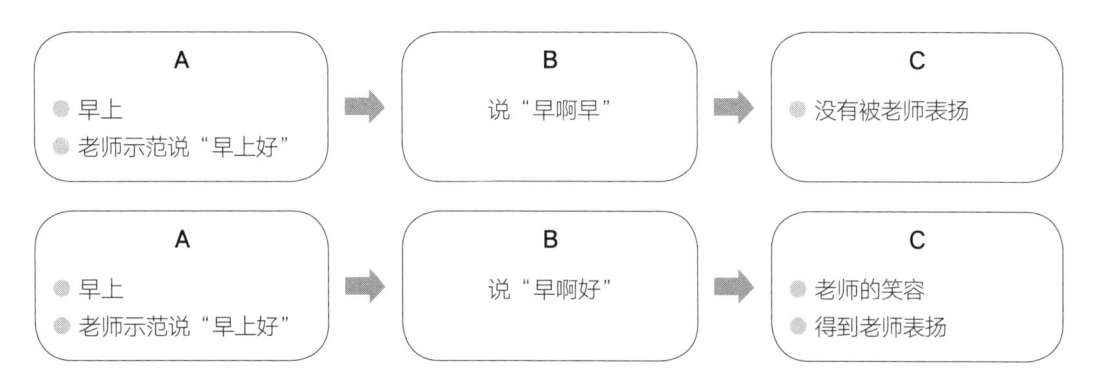

A		B		C
● 早上 ● 老师示范说"早上好"	➡	说"早啊早"	➡	● 没有被老师表扬

A		B		C
● 早上 ● 老师示范说"早上好"	➡	说"早啊好"	➡	● 老师的笑容 ● 得到老师表扬

当小晴能够主动说"早啊好"时，老师就不再表扬小晴的发音，只有当小晴可以说出"早上好"时，老师才会笑着表扬她。老师通过逐渐提高表扬标准的方式，终于让小晴学会说"早上好"了。

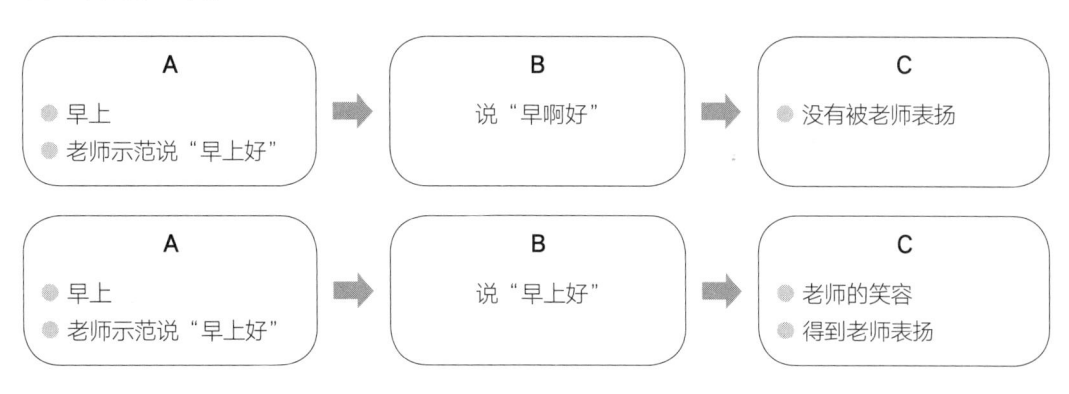

A		B		C
● 早上 ● 老师示范说"早上好"	➡	说"早啊好"	➡	● 没有被老师表扬

A		B		C
● 早上 ● 老师示范说"早上好"	➡	说"早上好"	➡	● 老师的笑容 ● 得到老师表扬

思考的要点 ABA 理论

塑造

◆ 老师在准备教小晴说"早上好"的语言行为时，可将这个行为分为多个步骤：说"早啊早"，说"早啊好"，说"早上好"。当小晴可以自己完成第一个步骤时，老师就不再表扬她当前的行为了，与此同时引导她完成第二个步骤并给出表扬。通过这样逐步提高表扬标准的方式，老师教会了小晴说"早上好"。

实例 17 和老师、同伴互动的经验很少

孩子的情况　5岁

小葵从四月起转学到了现在的幼儿园。他能够精神饱满地与人打招呼并回应别人,但在玩游戏时,他总是独自玩耍,从不主动和同伴说话或加入同伴的游戏。此外,当他找不到物品或在手工制作活动中失败时,他也从不主动询问老师或同伴,只是一直自己坐着发呆。即使老师问他:"小葵,怎么了?"他也沉默不语,只有当老师察觉到小葵可能有困难并给予支持时,小葵才会静静地重新参与活动。

老师向小葵的母亲询问小葵在家里的情况,得知他在家里经常说话,也能和弟弟一起欢快地玩耍。但是,当他们一家去公园时,小葵很少离开妈妈或弟弟身边。因此,小葵的父母也很担心小葵难以交到新朋友。

为什么呢?

小葵能够说出简单的问候语,也能做出应答,似乎他在口语表达技能方面没有什么问题。他在幼儿园时经常独自一人玩耍,可回到家里,他总能和弟弟一起玩得很开心。因此,我们推测,小葵刚刚转学过来,所以对之前没有接触过的老师和同伴,在交往上保持着谨慎的态度。因此,我们首先需要给小葵创造更多与老师和同伴交流和玩耍的机会。

解决方案

老师认为,与同伴互动和交流的体验对小葵来说很重要,所以力图在各种场合给小葵创造更多交流和玩耍的机会。

在早晨的活动中,老师设置了一个"我喜欢的××"的主题课程,让每个孩子轮流发言。例如,老师告诉大家今天的主题是"我喜欢的动物",然后孩子们会按照顺序说出自己喜欢的动物,同时老师会微笑着评论孩子们的发言。老师会把小葵安排在其他孩子后面回答问题,这样小葵就可以参考同伴的发言,而且那些问题也不难回答,因此小葵很愉快地参与了这个活动。

此外,在游戏时间里,老师还设计了一个老鹰捉小鸡的游戏,增加了孩子们手拉手做游戏的机会,让他们在互动玩耍中享受交流的乐趣。

支持要点

老师为了让小葵享受与同伴交谈和游戏的乐趣，在早晨的活动中设置了发言的机会。在小葵发言之前，同伴的发言可以给他做参考。另外，小葵在发言后得到了老师和同伴的积极反馈，他们的脸上也露出了笑容。

A	B	C
● 早晨的活动 ● 老师发指令"今天的主题是：我喜欢的××" ● 可以参考的同伴的发言	发言	● 老师和同伴的积极反馈 ● 老师和同伴脸上的笑容

在游戏时间，孩子们进行了老鹰捉小鸡等游戏。这些游戏可以促进孩子们之间的交流和沟通，如大叫"救命""这边这边"等。在游戏时，小葵也做出了"呼唤同伴"的行为，如大叫"救命"。

A	B	C
● 游戏时间 ● 玩老鹰捉小鸡 ● 被"老鹰"抓住了 ● 身边有同伴	呼唤同伴	● 同伴来救自己 ● 从"老鹰"那里逃走

思考的要点　ABA 理论

随即教学

◆ 为了让小葵有更多做出"发言"行为的机会，老师在早晨的活动中设置主题课程，并且让同伴先发言，从而引导小葵"发言"行为的出现。

前提

◆ 为了使小葵的"发言"行为更容易发生，老师设置了一个简单的主题，并且让同伴的发言能够成为小葵的参考。因此，小葵"发言"的行为更容易发生了。

后果

强化物的出现导致行为被强化

◆ 在小葵的"发言"行为发生之后，老师和同伴给予小葵积极的反馈并向他展露笑容，小葵的"发言"行为的发生频率因此增加了。

实例 18　因被斥责的经历而变得不再说话

孩子的情况　5 岁

小优平时会主动与同伴和老师交谈，但当他出现遗忘物品或洒出饭菜等犯错的情况时，他会变得不知所措，一声不吭。每当这时，无论老师招呼小优几次，他都会陷入一种沉默状态，乃至无法参与下一项活动，这让老师很为难。

据小优的父母说，小优曾经因为讲述自己失败或犯错的经历而被斥责，随后他就沉默不语了。他们担心也许是自己太过严厉了。他们其实并没有把孩子犯错或失败看得很重，他们也希望孩子能把心里的话说出来。

为什么呢？

小优乐意与同伴和老师交往，平时会主动与他们交谈。但当他失败时，他就不说话了。他有可能是回想起过去被斥责的经历，认为如果谈论自己的失败会受到责备。

解决方案

老师认为，让小优明白即使告诉别人自己的失败也不会被责备是很重要的。小优往往会沉默不语很长一段时间，这时，老师会伸出自己的双手，说"这边（右手）代表'是的'，这边（左手）代表'不是'"，然后引导小优指其中一只手。老师通过这样的交流方式，了解到小优为什么会沉默不语，以及他当前遇到了什么问题。当小优做出回答时，老师就称赞他，或者说："谢谢你告诉我。""没什么哦。"

这种互动虽然不能很快解决小优沉默不语的问题，但是他在遗忘物品或者失败之后，束手无策的情况减少了，他开始能够用简单的语言谈论自己的情况了。

支持要点

小优曾有过因"讲述自己的失败"而被斥责的经历,这导致他不再"讲述自己的失败"。

A	B	C
● 失败了	讲述自己的失败	● 被斥责

老师没有强迫小优说话,而是通过让他指右手或左手的方式,帮助他"讲述失败经历"。在小优做出这样"讲述自己的失败"的行为之后,他没有受到斥责,相反,老师还称赞他坦率地讲出了自己的经历。小优担心自己被责备而不愿说话,但通过老师的干预,他体会到了即使失败也没关系,只要坦率地说出来就可以。于是,他开始越来越多地表达自己的想法了。

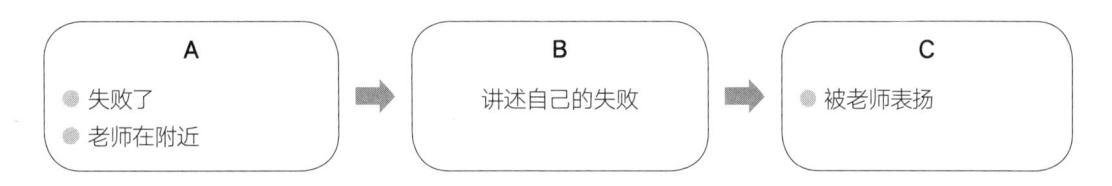

A	B	C
● 失败了 ● 老师在附近	讲述自己的失败	● 被老师表扬

思考的要点　ABA 理论

后果
厌恶刺激的出现导致行为被惩罚
◆ 小优曾因做出"讲述自己的失败"的行为而受到斥责,结果小优"讲述自己的失败"的行为发生频率减少了。

后果
强化物的出现导致行为被强化
◆ 小优在做出"讲述自己的失败"的行为后,受到了表扬,因此小优"讲述自己的失败"的行为发生频率增加了。

实例 19　因怕被关注而变得不再说话

孩子的情况　5 岁

小丽可以非常积极地参与运动和手工等各项集体活动，她听老师讲有趣的故事时，或者在与同伴一起游戏时经常会露出笑容，但每当需要她说话的时候，比如打招呼、回答问题，或者与老师和同伴进行语言交流时，她就会变得紧张起来，甚至无法开口说话。据小丽的父母说，小丽在家里或外出坐车时都能够愉快地与家人交流，但只要有陌生人或不太熟的人在场，比如在亲戚家或在商店等场合，她就无法开口说话。

为什么呢？

小丽在外出时不是不说话，而是说不出话。原因是她在家里说话时只有身边的父母会给予她关注和反馈，但是，在外面说话时有可能得到陌生人或不熟悉的人的关注，这令她感到不安。这种不安的情绪很可能是导致她在外出时无法说话的原因。

解决方案

老师并没有强迫小丽说话，而是先让她能够在幼儿园安心地生活。例如，与小丽打招呼时，老师只是口头打招呼，而不采用一般的口头打招呼之后还要击掌的方式。

此外，老师在询问小丽时会使用"你要做××吗？"这样的简单句，小丽只需要通过点头或摇头就能交流反馈。

有一天，当小丽和同伴在玩纸牌时，她突然说："给我牌。"老师很惊讶，因为小丽以前从来不在玩牌时说话。考虑到小丽不喜欢得到关注，老师没有给小丽过度的反馈，只是自然地把牌拿给了她。

支持要点

小丽在家里能够说话，在外面却无法开口。在外面小丽会遇到许多不同的人，例如，同伴和老师与她的"交谈"行为可能会给她带来过多的关注，这导致她无法做出"交谈"的行为。

在家里

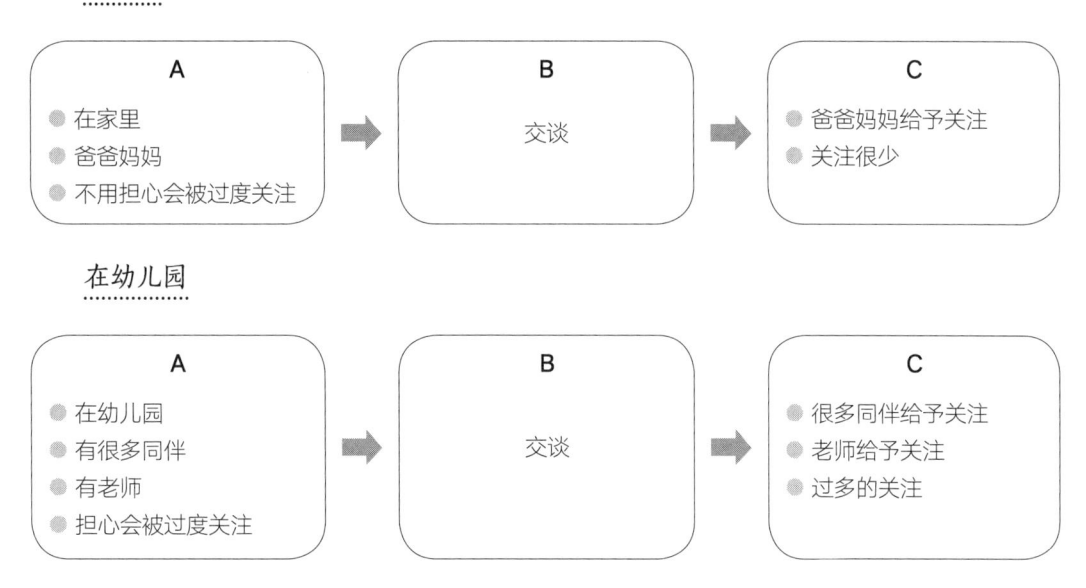

A	B	C
● 在家里 ● 爸爸妈妈 ● 不用担心会被过度关注	交谈	● 爸爸妈妈给予关注 ● 关注很少

在幼儿园

A	B	C
● 在幼儿园 ● 有很多同伴 ● 有老师 ● 担心会被过度关注	交谈	● 很多同伴给予关注 ● 老师给予关注 ● 过多的关注

老师不强求小丽说话，而是通过简单的询问方式和她交流，让她只用点头或摇头的方式就能够表达自己的感受。此外，在游戏时间，老师会专门为她设置小团体的游戏环境，避免她获得过度的关注和反馈。这样，小丽也能够在与老师和同伴的互动中享受快乐。如果小丽在这个环境里不再感到紧张了，老师就会逐渐增加环境中与她互动交往的人数。

A	B	C
● 幼儿园 ● 有很多同伴 ● 有老师 ● 担心会被过度关注	和同伴一起玩	● 只有少数同伴给予关注 ● 老师给予关注 ● 玩得很开心

> **思考的要点　ABA 理论**
>
> **后果**
> 厌恶刺激的出现导致行为被惩罚
> ◆ 在幼儿园里，小丽说话后，获得了周围人的大量关注。对于小丽来说，这些过度的反馈会引起她的不安。结果，小丽"说话"的行为发生频率减少了。
>
> **前提**
> ◆ 为了让小丽"和同伴一起玩"的行为更容易发生，老师设置了小团体游戏环境，让小丽不会因为过多的反馈感到不安。因此，小丽"和同伴一起玩"的行为更容易发生了。

情景 8
环境改变后会发生问题行为

实例 20 因环境改变而推搡同伴

孩子的情况　5 岁

在下午放学之后，幼儿园会提供一段时间的课后延时托管服务。一到这个课后班时间段，小依就会经常推搡同伴。当课后班老师提醒时，小依会向同伴道歉说"对不起"，但很快又会再次推搡同伴。然而，在有主班老师在场的幼儿园正课期间，小依虽然在本学期之初也有过推搡同伴的行为，但现在几乎没有这种行为了，她能和同伴一起和睦地玩耍。

在正课期间，教室里孩子的数量较少，小依常常和同伴一起玩积木。但在课后班期间，不同年龄段的孩子会聚集在同一间教室，孩子的数量要比正课期间多得多。而且，当其他孩子在玩小依平时最喜欢玩的积木时，小依就可能会玩不到，因而去推搡他们。另外，课后班的老师每天都不同，小依的主班老师不会经常出现在这里。

为什么呢？

在课后班期间，小依可能无法像平时一样玩到自己喜欢的玩具。此外，教室里有很多孩子，有些孩子会跑来跑去，有些孩子会大声哭泣，这对小依来说是一个不舒服的环境。由于环境发生了改变，她的表现也会与平时不一样。另外，课后班老师的指导方式也与她的主班老师有所不同，这些都可能导致她的表现与以往不同。

解决方案

首先，老师增加了小依平时喜欢玩的积木的数量，避免孩子之间发生争抢。其次，老师安排了绘本阅读时间，这样可以让孩子们在比较安静的环境中度过这段时间。此外，主班老师制作了关于小依的资料，并与课后班的老师分享信息，详细说明了如何更有效地照顾小依，解释了在什么情况下她可能会推搡同伴，以及如何处理这些情况。通过这种方式，课后班老师也能像主班老师一样对小依进行指导了。

支持要点

小依平时喜欢在教室里玩积木，但在课后班期间，孩子比较多，教室里的积木会被其他孩子拿走，这使得小依有时无法玩到自己喜欢的积木，这是她在课后班期间更容易出现"推搡同伴"行为的一个原因。此外，她推开同伴就能够得到自己喜欢的那些积木了，这个结果使她"推搡同伴"的行为发生频率增加了。

A	B	C
● 课后班期间 ● 许多孩子 ● 在玩积木的同伴 ● 小依玩不到积木	推搡同伴	● 获得积木 ● 能够玩积木 ● 被老师提醒

于是，老师在课后班期间增加了教室内的积木数量，避免孩子们出现争抢积木的情况。这样，小依"玩积木"的行为就会增加，她"推搡同伴"的行为就会减少。

A	B	C
● 课后班期间 ● 许多孩子 ● 许多积木	玩积木	● 能够玩积木 ● 玩得很开心

此外，在课后班期间，有些孩子会跑来跑去或者大声哭泣。在这样嘈杂的环境下，小依会表现得很烦躁，更容易做出"推搡同伴"的行为。

A	B	C
● 课后班期间 ● 孩子们发出的各种声音 ● 嘈杂的环境 ● 烦躁的心情	推搡同伴	● 孩子们发出的声音减少了 ● 烦躁的心情减轻了 ● 被老师提醒

为此，老师尽力营造出一个比较安静的环境，比如组织绘本故事朗读等活动。这样一来，在课后班期间，小依不再感觉烦躁了，孩子们"安静地聆听故事"的行为发生频率增加了，发生的冲突也减少了。

> **思考的要点 ABA 理论**
>
> **前提**
> ◆ 小依会做出"推搡同伴"的行为，是因为环境发生了改变，使得她无法玩到平时喜欢的积木。因此，老师通过改变环境，向小依提供她平时爱玩的积木，成功减少了小依"推搡同伴"的行为的发生频率。

实例 21　通过问题行为吸引关注

孩子的情况　3 岁

小春在家长参观日、运动会及音乐表演等场合经常会兴奋不已，会向妈妈和爸爸频频挥手示意。老师会提醒或直接告诉小春他必须继续认真参与活动，但是他很难专注于当前的活动。尽管他的父母也尽量不给他过多的关注，可小春还是会高声喊叫，甚至会站到椅子上。这样一来，周围的同伴和其他家长都会注意到他，小春就会显得特别开心。

为什么呢？

家长参观日、运动会及音乐表演等场合，与平时的幼儿园场景有所不同，会有很多人到场，因而小春能获得的关注也比平时多得多。小春很喜欢受到大家的关注，所以他会用挥手、叫喊或站在椅子上这些方式来获得更多的关注。

解决方案

为了避免小春做出这些不适当的吸引关注的行为，老师在家长参观日的时候，专门安排了一些运动或舞蹈之类的活动，这些都是小春和其他孩子喜欢并积极参与的活动。此外，因为小春会在看到自己的父母时做出一些吸引他们注意的举动，因而老师会要求孩子们排队时背对着家长站立。

在音乐表演时，小春负责敲鼓。鼓是小春很喜欢的乐器，他的父母也会事先鼓励他"你在敲鼓时要好好加油哟"，所以，小春会在表演中充满自信地演奏。

支持要点

在家长进入幼儿园参观时,小春经常会在老师公开讲话时通过"挥手"的行为获得父母和同伴的关注。

于是,老师缩短了讲话时间,组织了小春和其他孩子平时都会积极参加的舞蹈和运动类活动,这使得小春可以通过"跳舞"的行为获得父母和同伴的大量关注。

A	B	C
● 家长进入幼儿园参观 ● 舞蹈时间 ● 家长和同伴在附近 ● 没有来自家长和同伴的关注	跳舞	● 获得父母和同伴的关注 ● 被老师表扬

在音乐表演之前,小春的父母热情地鼓励小春"敲鼓时要好好加油哦",因此小春"敲鼓"的行为更容易发生了。

A	B	C
● 音乐表演 ● 观看表演的家长 ● 家长鼓励小春"敲鼓时要加油哦"	敲鼓	● 获得家长的关注 ● 获得家长的表扬

思考的要点 ABA 理论

行为的功能

关注

- 小春做出"挥手"或"大声喊叫"的行为是因为他有获得父母关注的需求。小春做出这些行为后,得到了关注,因而他"挥手"或"大声喊叫"的行为发生频率增加了。

前提

- 为了让小春"敲鼓"的行为更容易发生,老师请小春的父母在演奏之前给予小春叮嘱和鼓励。这样一来,小春"敲鼓"的行为更容易发生了。

情景 9

无法执行指令

实例 22　很难专心听老师指令

孩子的情况　6 岁

在集体环境中，小连有时不回应别人对他的呼唤，别人总要连叫他好几声，他才会回答或转过头来。在手工活动中，即便老师已经讲解了活动内容，小连仍然会立刻询问："老师，我该怎么做？"而在老师单独给他讲解之后，他就可以开展相应的操作了，可见他是可以理解指令的意思的。

只是小连在听别人说话时，会摆弄桌子上的物品，看向走廊或窗外。

为什么呢？

小连在单独接收指令时能够理解指令并遵照执行，但在集体环境中很容易分心，不注意听老师的指令。他会摆弄桌上的物品，看向走廊或窗外，这经常导致他在参与活动时动作比其他人慢。而且，在集体环境中，老师发出的指令通常会比单独给某个孩子的指令要长，因此，那些注意力不持久的孩子往往更容易错过老师的指令。

解决方案

为了让像小连这样容易分心的孩子专心听指令，老师会在发出指令前让他们清理桌子上的物品。此外，当小连坐在靠近走廊或窗户旁边时，他常常会关注走廊或窗外的情况，于是，老师把他的座位安排在教室前方的中央位置。同时，老师还会表扬那些认真听讲的孩子。

另外，为了避免孩子们分心，老师尽可能简化指令并缩短布置任务的时间。因为小连和班上其他一些孩子识字，所以老师在讲话的同时会在黑板上写字或画图，以确保那些容易分心的孩子能够跟随老师顺利地参与活动。

支持要点

小连很容易分心，对桌上物品非常关注，这导致他经常会因做出"摆弄物品"的行为而错过老师的指令。为此，老师要求孩子们先清理桌面上的物品，再开始听老师讲话。由于桌子上没有了物品，小连"摆弄物品"的行为就不再发生了，"听老师讲话"的行为也就更容易发生了，并且能够得到老师的表扬。

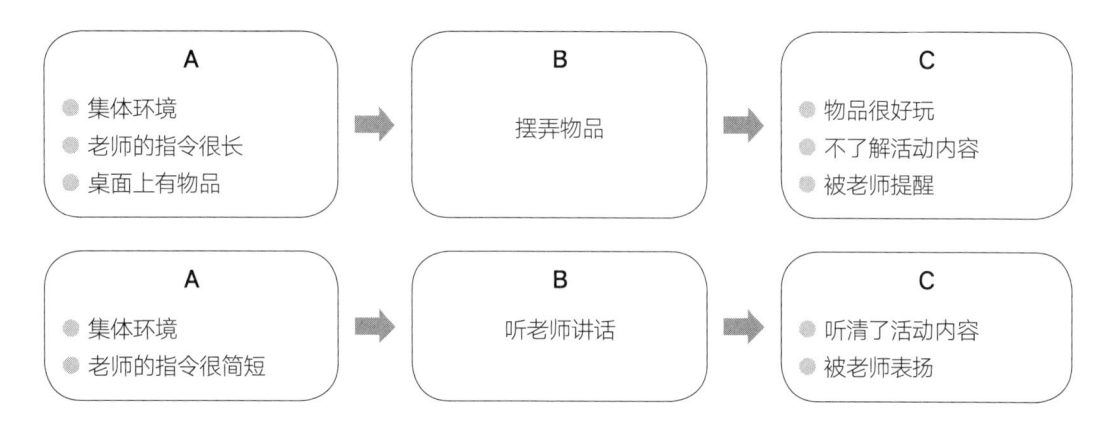

A	B	C
● 集体环境 ● 老师的指令很长 ● 桌面上有物品	摆弄物品	● 物品很好玩 ● 不了解活动内容 ● 被老师提醒

A	B	C
● 集体环境 ● 老师的指令很简短	听老师讲话	● 听清了活动内容 ● 被老师表扬

此外，老师还在黑板上展示了活动内容，即便小连错过了老师的指令，他也可以通过"看黑板"了解活动内容。这样，小连活动时比别人落后的情况也减少了。

在黑板上展示活动内容是一种辅助支持措施，可以防止小连的注意力分散，避免他因不清楚活动内容而感到困惑。

思考的要点　ABA 理论

前提
◆ 小连"摆弄物品"是因为桌面上有物品。为此，老师在发出指令前会让孩子们先把桌面上的物品清理干净，这样，小连"摆弄物品"的行为就不再发生了。

后果
强化物的出现导致行为被强化
◆ 小连因认真"听老师讲话"而被老师表扬，因此，小连"听老师讲话"的行为发生频率增加了。

实例 23　　因语言理解不充分而只能模仿同伴行动

孩子的情况　4 岁

在老师发出"大家开始整理自己的物品吧"的指令后，小朝并不会立即做自己的整理任务，而要等到其他孩子快整理完时，才开始整理。在老师发出"大家开始做午餐前的准备吧"的指令之后，小朝也要等其他孩子准备一段时间之后才开始做自己的准备工作。在很多这类集体活动中，小朝总是比其他人晚一拍才开始。

此外，小朝在画图时也有类似表现，当老师发出"大家把红色的蜡笔拿出来"的指令之后，小朝不会马上去拿；当老师把书本、画册等物品递给小朝并告诉他"放进书包"的时候，小朝也不知道要做什么。他的这些表现让老师有点担心。

为什么呢？

小朝并不明白老师发出的"大家开始整理自己的物品吧"或"大家开始做午餐前的准备吧"等语言类的集体指令。他总是要通过观察并模仿其他孩子的具体做法参与这些集体活动，因此他总会比其他人慢一拍。有时他也无法执行别人单独发给他的指令。

解决方案

老师为了帮助小朝理解这些语言类指令，就一边说话一边带着小朝参与活动。例如，老师在向全班发出"大家开始整理自己的物品吧"的指令之后，会一边再对小朝说一句"我们来整理玩具哦"，一边带着小朝一起做整理工作。在小朝整理好之后，老师就会表扬他："你整理得真干净！"起初，老师会全程陪着小朝做完全部的整理任务。等小朝掌握了整理方法，能够独立完成这项任务之后，老师就会只在开始时和他一起整理，随后走到稍微远一点的地方继续观察他的操作。

此外，老师在向全体学生发指令时，会增加一些视觉提示。例如，在手工制作活动中，老师会在发出指令"我们来拿剪刀吧"的同时，向孩子们出示实物剪刀，或者在黑板上贴上剪刀的图片。

支持要点

其他孩子可以仅仅通过老师的语言指令就开始"整理"。而小朝由于无法理解老师发出的语言类集体指令，只能模仿其他孩子的行为，就会比其他人晚一些才开始行动。

周围的孩子

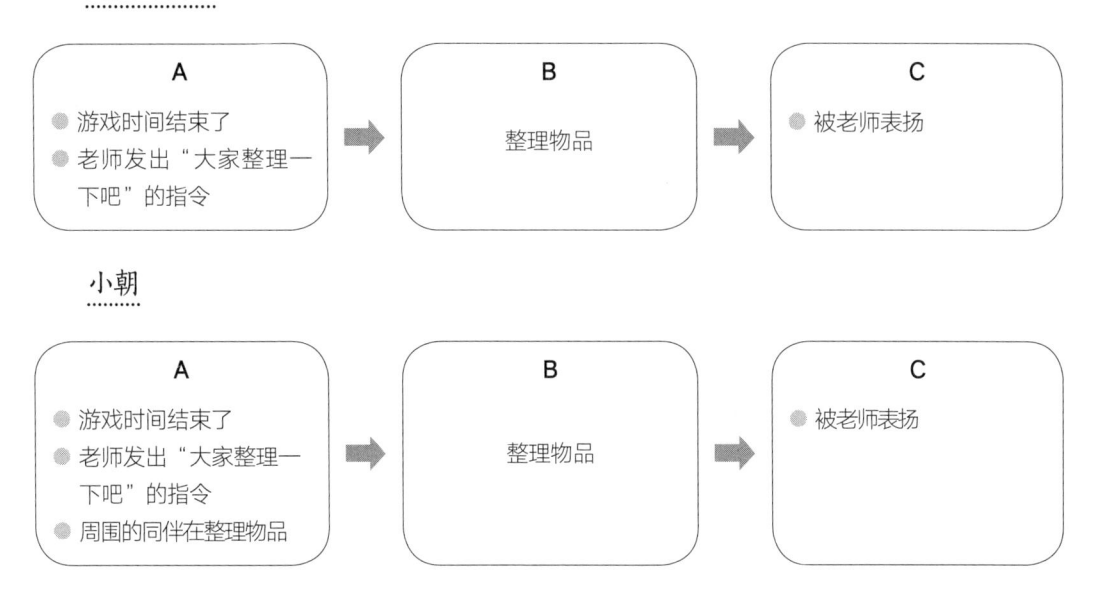

A	B	C
● 游戏时间结束了 ● 老师发出"大家整理一下吧"的指令	整理物品	● 被老师表扬

小朝

A	B	C
● 游戏时间结束了 ● 老师发出"大家整理一下吧"的指令 ● 周围的同伴在整理物品	整理物品	● 被老师表扬

老师在发出指令后立即给予支持,以确保小朝能够根据语言指令快速正确地做出"整理物品"的行为。然后,小朝在做出"与老师一起整理"的行为之后,得到了老师充分的赞扬。

A	B	C
● 游戏时间结束了 ● 老师发出"大家整理一下吧"的指令	与老师一起整理	● 被老师表扬

之后,当小朝能够理解老师发出的"大家整理一下吧"的指令,并能独立完成"整理物品"的任务时,老师逐渐减少了对他的即刻支持。同时,小朝独立完成"整理"任务之后,老师给予他充分的赞扬。

A	B	C
● 游戏时间结束了 ● 老师发出"大家整理一下吧"的指令	独立整理	● 得到老师充分的赞扬

思考的要点　ABA 理论

前提

◆ 为了让小朝的"整理"行为更容易、更快速地发生,老师提供了专门的支持,使小朝的"整理"行为因此更容易、更快速地发生了。

实例 24　寻求老师的关注或互动

孩子的情况　3 岁

当听到老师说"去上厕所吧"或"大家收拾东西吧"的时候，小美就会大声地说"我不"，然后走开。

有时候老师会告诉小美"你如果不去上厕所就会尿裤子哦"，并跑过去追她，于是小美就会笑嘻嘻地去上厕所。她的这种行为已经形成了习惯。另外，当小美不收拾玩具的时候，老师会观察一段时间，如果看到她还是不动手，就会和她一起收拾玩具。

小美的语言能力很好，可以理解老师的指令。此外，她在家里从未出现过不愿意去上厕所或者不愿意收拾东西的情况。

为什么呢？

小美明显很享受老师追着她让她去上厕所的这个过程。

在听到"收拾东西吧"的指令后，她通过说"我不"来拖延时间，继续玩耍。随后，老师会过来帮忙，这样她说"我不"之后，与老师的互动也增加了。

解决方案

老师决定，在小美说"我不"之后，不再追着她跑，也不再帮她收拾玩具了。同时，老师会大力表扬那些听从指令自己去上厕所或整理物品的孩子，比说"你们能马上就去上厕所，真的太棒了""你收拾得真快啊""你好厉害哦"。当小美也开始自己去上厕所或收拾东西时，老师更会立刻夸奖她"小美也好棒"，并给予热情的关注。

有的时候，小美需要较长时间才会开始整理玩具，但老师仍然会避免因此给她过多关注或帮助。老师会耐心地等待，等到小美开始自己收拾时就会立刻上前表扬她。现在，小美已经成了最快去上厕所和整理物品的孩子。在被老师表扬后，小美会很得意。

支持要点

当老师发出"大家去上厕所吧"的指令时，小美"说'我不'并走开"的行为，使得老师开始追逐她，这在小美眼中是一种与老师的互动。老师与她的这种互动增加了小美"说'我不'"的行为。

第 2 章 从"为什么"开始对孩子进行干预 | 065

```
┌─────────────────┐     ┌─────────┐     ┌─────────────┐
│ A               │     │ B       │     │ C           │
│ ● 老师发出"去上厕所吧"│ ──▶ │ 说"我不" │ ──▶ │ ● 被老师追赶  │
│   的指令         │     │         │     │ ● 能够和老师互动│
│ ● 没有与老师的互动│     │         │     │             │
└─────────────────┘     └─────────┘     └─────────────┘
```

于是，老师决定，即使小美说"我不"，也不再追逐她，避免增加与她的不当互动。与此同时，老师会热情地表扬小美"去上厕所"的行为。

```
┌─────────────────┐     ┌─────────┐     ┌─────────────┐
│ A               │     │ B       │     │ C           │
│ ● 老师发出"去上厕所吧"│ ──▶ │ 去上厕所 │ ──▶ │ ● 被老师表扬  │
│   的指令         │     │         │     │ ● 能够和老师互动│
│ ● 没有与老师的互动│     │         │     │             │
└─────────────────┘     └─────────┘     └─────────────┘
```

另外，在需要整理物品的时候，小美会通过说"我不"延长玩耍的时间，或者迫使老师过来帮忙，从而和老师产生更多的互动。

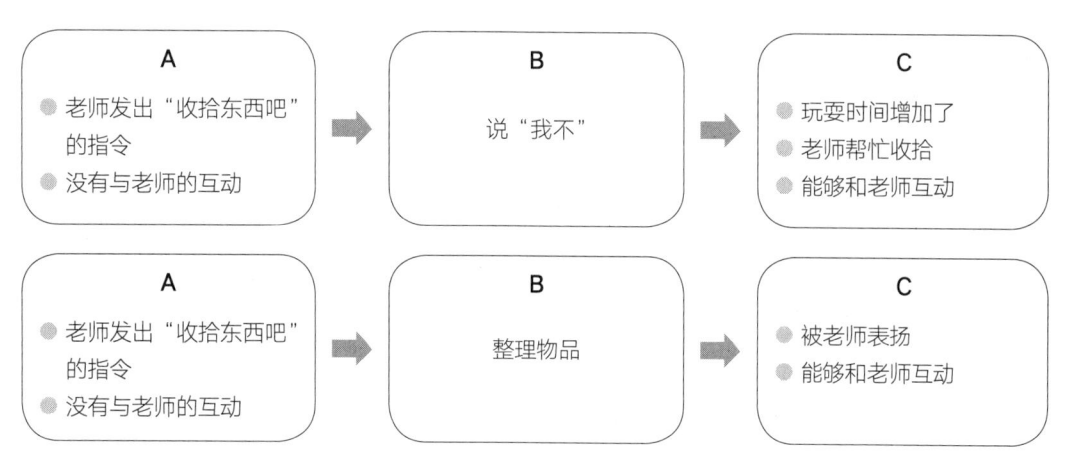

```
┌─────────────────┐     ┌─────────┐     ┌─────────────┐
│ A               │     │ B       │     │ C           │
│ ● 老师发出"收拾东西吧"│ ──▶ │ 说"我不" │ ──▶ │ ● 玩耍时间增加了│
│   的指令         │     │         │     │ ● 老师帮忙收拾│
│ ● 没有与老师的互动│     │         │     │ ● 能够和老师互动│
└─────────────────┘     └─────────┘     └─────────────┘
```

```
┌─────────────────┐     ┌─────────┐     ┌─────────────┐
│ A               │     │ B       │     │ C           │
│ ● 老师发出"收拾东西吧"│ ──▶ │ 整理物品 │ ──▶ │ ● 被老师表扬  │
│   的指令         │     │         │     │ ● 能够和老师互动│
│ ● 没有与老师的互动│     │         │     │             │
└─────────────────┘     └─────────┘     └─────────────┘
```

为此，老师决定大力表扬其他正在整理物品的孩子，同时，当小美开始整理的时候也立即热情地表扬她。

思考的要点 ABA 理论

需求

◆ 小美做出"说'我不'"的行为是因为她"想要与老师互动""想要玩更长的时间"，由于该行为发生之后能够被老师追赶及增加游戏时间，她"说'我不'"的行为发生频率增加了。

差别强化

◆ 在小美"说'我不'"的行为发生之后，老师不再给予她关注或和她互动。同时，小美"去上厕所"或"整理物品"等行为发生之后，老师会给予充分表扬，并和她互动。

实例 25　没有充分理解活动内容

孩子的情况　4岁

当老师发出"开始做餐前准备吧"的指令时，小青不会听从指令，反而会在教室里走来走去。即便周围的同伴都已经准备好了，小青也不着急。只有当老师再次对他说"小青，要准备吃饭了"，他才会像大梦初醒一样开始做餐前准备，但是过了一会儿他就会停下来，与旁边的孩子玩耍起来。为此，老师只能逐一地提示他"去拿水壶""去拿筷子"等。

这种情况经常发生，不管是早晨到校时的课前准备还是放学前的准备活动，小青都需要老师的单独指导。

为什么呢？

尽管小青对"开始做餐前准备吧"的集体指令没有反应，但如果老师向他发出更为具体的指令，如"去拿水壶"，小青就能做出正确反应。我们由此可以推测，小青并不清楚听到"餐前准备"这种笼统的指令时自己该去做什么，所以他在做准备活动时就会停下来去玩别的。

解决方案

老师希望小青能够模仿同伴的行为开展准备活动。当小青不做准备活动时，老师不直接告诉小青应该做什么，而是问他："你应该做什么呢？"如果小青做出了正确的反应，老师就会马上夸奖他。如果小青不明白活动内容，老师就会指着其他孩子问小青："你看，大家在做什么呢？"老师这样做，可以引导小青通过观察同伴的举动完成自己的任务，而不仅仅依靠老师的指导。当小青能够模仿同伴的行为做事时，老师会马上给予他充分的赞扬。

之后，小青逐渐能够独立地进行准备活动了。刚开始，小青在做早晨到校时的课前准备及放学时的准备活动时，仍然需要老师的陪伴和指导，但后来他逐渐可以独立完成了。当小青升到中班时，尽管班主任老师和教室环境都发生了变化，他也能更加独立地完成许多事情了。

支持要点

之前，由于老师面向集体发出的指令都是笼统的，小青经常会做出"在教室里走来走去"的行为，随后，老师会单独给小青发出更为具体的指令，小青"在教室里走来走去"的行为发生频率也因此增加了。因为小青只有在得到老师的具体指令后才开始做该做的活动，所以他的行动经常落后于班上其他孩子。

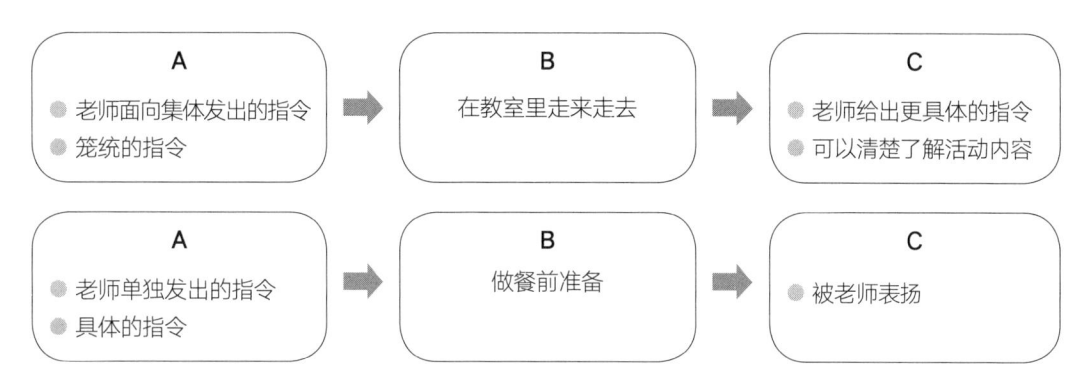

A	B	C
● 老师面向集体发出的指令 ● 笼统的指令	在教室里走来走去	● 老师给出更为具体的指令 ● 可以清楚了解活动内容
● 老师单独发出的指令 ● 具体的指令	做餐前准备	● 被老师表扬

于是，老师通过问小青"大家在做什么？"提示他做出"观察同伴的举动"的行为。小青"观察同伴"后，看到了同伴的示范，也就知道自己应该做什么了。随后，小青就能够开始做"餐前准备"了，并得到了老师的表扬。不久之后，老师即使不单独给予小青具体的指令或提醒，小青也能够通过"观察同伴"独立进行准备活动了。

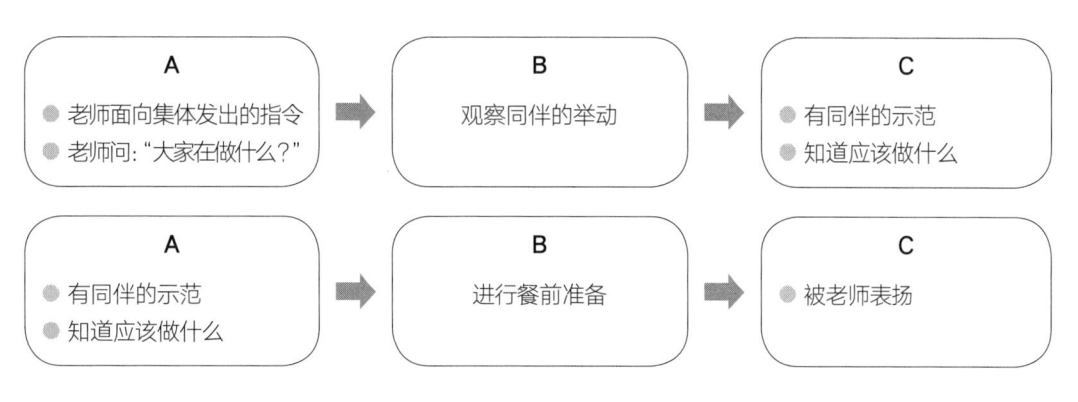

A	B	C
● 老师面向集体发出的指令 ● 老师问："大家在做什么？"	观察同伴的举动	● 有同伴的示范 ● 知道应该做什么
● 有同伴的示范 ● 知道应该做什么	进行餐前准备	● 被老师表扬

思考的要点　ABA 理论

示范
- 小青通过"观察同伴的举动"得到了指导，随后可以模仿他们开展自己的活动了。

实例 26　因不知道东西在哪儿而无法进行准备工作

孩子的情况　4 岁

小知一直都能独立完成早晨到校后的课前准备工作，也能独立做好放学前的准备工作，但是新学期开始后，她需要在老师频繁地提醒之下才能完成这些任务，如果没有人提醒，她就会在教室里走来走去。有时老师提醒她："小知，把你的水壶拿来。"小知却找不到水壶在哪儿，必须由老师带她到放水壶的地方，并将水壶拿给她。

上个学期小知是可以独立完成这些准备工作的，所以说她应该已经具备了相关技能。此外，她也从来不会因贪玩或者与同伴聊天而耽误做自己的准备工作。

为什么呢？

老师制作了一张表，详细记录了孩子们在放学前需要做的准备工作的流程，并要求小知在每个步骤完成时打钩。

结果，老师发现她需要花费太多时间去找自己的水壶，而且她还无法取出自己的水壶和餐巾纸。

老师询问了小知上学期的老师，了解了那时候水壶和餐巾纸的摆放位置，才知道上学期时小知的水壶是放在她自己的书包旁边，餐巾纸则放在她的桌子旁。看来，在上学期，小知不需要去其他地方寻找自己的水壶和餐巾纸，所以她那时能够自己做好准备工作。

解决方案

于是，老师让小知将自己的水壶像去年那样放在书包旁边。此外，老师还在她的餐巾纸上放了她最喜欢的卡通人物画片，这样，小知就可以通过卡通人物画片找到自己的餐巾纸了，她在做放学前的准备工作时也变得顺利起来了。

老师还用同样的方法查明了早晨到校后小知在做课前准备工作时遇到的困难，知道了小知会在哪一步上出现问题。这样，老师就可以针对小知当前面临的问题提供更为具体的支持了。

支持要点

老师将"放学前的准备工作"分成了多个步骤,并制作了下面这张表格。从表格中我们可以看到,小知在完成第 1 步"取出水壶"和第 3 步"取出餐巾纸"时存在困难。

顺序	内容	完成结果
1	取出水壶	×
2	把水壶放在桌上	√
3	取出餐巾纸	×
4	把餐巾纸放进书包	√
5	把书包放在桌上	√

于是,为了让小知能顺利地完成这两个步骤,老师采取了改善环境的措施,比如,改变了水壶的摆放位置,为餐巾纸加上标记等。这样,小知就又能独立完成放学前的准备工作了。

思考的要点　ABA 理论

任务分析
- 老师将"放学前的准备工作"这个连续多项的任务分成多个步骤,观察小知能否独立完成每个步骤,进而找到了小知存在的困难。

情景 10
无法转换情绪

实例 27　因没有时间概念而无法转换活动

孩子的情况　4 岁

放学时妈妈来接小绘，但小绘只要听到妈妈呼唤自己的名字，就会大叫"我不""我还想玩"，不肯结束游戏。妈妈会一直等到小绘玩够了为止，有时候甚至需要等待 30 分钟以上。不过有时妈妈来接小绘放学的时候，如果正好小绘已经玩腻了，她也会马上就跟着妈妈回家。

除了在放学时出现的这种情况，小绘在幼儿园和家庭中进行其他活动时，有时也会无法顺利地转换活动。

为什么呢？

小绘一旦开始了某项活动，就会有强烈的一直玩到最后的想法。对于没有时间概念的小绘来说，当她刚开始玩时，妈妈突然来接她，她的"我刚开始玩"的想法导致了她说"我不"的行为。

解决方案

为了帮助小绘顺利转换活动，老师开始寻找方法帮助小绘知道妈妈来接她的具体时间。首先，老师和小绘的妈妈约定好接小绘的具体时间，通常固定在妈妈下班后的某个时间。其次，老师采用简单易懂的方式让小绘知道妈妈什么时候来接她。小绘还看不懂钟表，于是妈妈就在钟表上约定接她的时间的相应位置贴了一个兔子标记，并告诉小绘："当红色的指针指到兔子标记时，妈妈就会来接你。"

当快到妈妈来接小绘的时间时，老师会告诉小绘："红色的指针很快就要到兔子那里啦。"小绘也会看着钟表说："妈妈快来接我了。"

当妈妈准时到达时，如果小绘能够立刻停止游戏并收拾好东西，老师和妈妈就会热情地赞扬她。

支持要点

小绘不知道妈妈什么时候会来接自己，因此，在她看来，有时她会突然被要求结束自己正在玩的喜欢的游戏。而她在做出"大叫'我不'"的行为之后，就可以继续玩游戏，所以这种"大叫'我不'"的行为发生频率增加了。

A	B	C
● 喜欢的玩具 ● 不知道妈妈什么时候来接 ● 突然收到结束游戏的指令 ● 妈妈的身影	大叫"我不"	● 妈妈等待 ● 可以继续玩喜欢的游戏

于是，老师决定要让小绘知道妈妈什么时候来接她。小绘可以看带有标记的钟表，或者听老师提醒"妈妈马上就要来接你了"，这样她就可以有计划地玩游戏了。

由于不再被突然打断，小绘"大叫'我不'"的行为也就不常出现了。此外，妈妈来接小绘时，小绘如果能够及时"收拾玩具"，就会得到老师和妈妈的称赞。这样的互动增加了小绘"收拾玩具"的行为。

A	B	C
● 喜欢的玩具 ● 知道妈妈什么时候来接 ● 知道什么时候该结束游戏 ● 妈妈的身影	收拾玩具	● 被老师表扬 ● 被妈妈表扬

思考的要点　ABA 理论

行为的功能

需求

- 小绘做出"大叫'我不'"的行为是因为她有继续玩的需求。她继续玩的需求得到了满足，导致她"大叫'我不'"的行为发生频率增加了。

前提

- 小绘不知道妈妈什么时候来接她，因此常常感觉突然被要求中止自己喜欢的游戏，在这种情况下，小绘"大叫'我不'"的行为比较容易出现。因此，老师提前告诉小绘什么时候妈妈来接她，通过这样的支持，小绘"大叫'我不'"的行为就不常出现了。

后果

强化物的出现导致行为被强化

- 小绘表现出"收拾玩具"的行为后，得到了老师和妈妈的表扬。因此，小绘"收拾玩具"的行为发生频率增加了。

| 实例 28 | 因执着于争第一而推搡同伴 |

孩子的情况　5岁

小叶做什么都执着于争第一。在去厕所或洗手时，他如果没有排在第一个，就会推搡同伴或大声哭闹。老师会告诉小叶"即便不是第一也没关系"，但他会答"我就是觉得当第一最好"。每当这个问题出现时，老师都需要花很长时间才能让他平静下来。

有时孩子们会采用猜拳的方式决定顺序，如果小叶输了，他也会推搡同伴或哭泣。即便老师提前告诉他每个人都有输或赢的可能，他的这种行为也并没有改变。

为什么呢？

小叶对争第一非常执着，一旦因不能成为第一而沮丧时，他就会推搡同伴。有时候他通过这样的行为能够让自己当上第一名。

老师经常向孩子们发出"大家去洗手吧"或"集合"的指令，但是，这样的指令并没有明确说明谁先谁后，小叶此时对争第一尤其执着。因此，一旦他不能成为第一，就会推搡同伴或当众哭闹。

解决方案

老师给每个座位都起了一个动物的名字，并采用新的方式发出指令，比如"我们从坐在××座位上的人开始"或"我们按身高从低到高排队"，老师通过事先明确顺序，避免了激发小叶要当第一的执着。

由于没有非争第一不可的事情，小叶终于可以平静地参与集体活动了。

支持要点

以前老师发出的集体指令中并没有明确顺序，没有说明在接下来的活动当中应该谁先谁后，这样的指令会激发小叶勇争第一的执着。因此，小叶一旦没有成为第一就会出现"推搡同伴"的行为，这种问题行为有时可以让他最终获得第一，因而他"推搡同伴"的行为发生频率增加了。

A	B	C
● 去洗手的时候 ● 指令中未明确规定顺序 ● 争第一的执着	推搡同伴	● 成为第一

于是，老师给每个座位都起了动物的名字，并下达明确行动顺序的集体指令，如"从坐在××座位上的人开始准备"。由于老师明确规定了顺序，小叶争当第一的执着就不会被激发了，他"推搡同伴"或"哭泣"的行为也就不再发生了。同时，他按照老师的指令"遵守顺序"的行为开始出现。在老师的表扬下，这个"遵守顺序"的行为发生频率增加了。

A	B	C
● 去洗手的时候 ● 指令中明确了顺序	遵守顺序	● 被老师表扬

思考的要点　ABA 理论

前提
- 为了让小叶"遵守顺序"的行为更容易发生，老师在指令中明确规定了顺序。在这样的明确指令的指导下，小叶"遵守顺序"的行为更容易发生了。

后果
强化物的出现导致行为被强化
- 小叶"遵守顺序"的行为发生之后，得到了老师的表扬。因此，小叶"遵守顺序"的行为发生频率增加了。

实例 29　兴奋时推搡同伴

孩子的情况　6 岁

在游戏时间，有几个孩子一边到处乱跑，一边高喊着招呼其他孩子"快过来看呀！"搞得环境很嘈杂。在这样的情况下，大雄总会拿着用纸板制成的"小宝剑"击打那些没有和他一起跑的孩子，或者推倒那些孩子搭好的积木，甚至推搡他们。

直到听到老师叫他的名字"大雄！"他才猛然回过神来，露出一脸"糟了"的表情，然后主动向同伴道歉说"对不起"。

这种情况经常发生，很多孩子会向老师报告说："大雄又推人啦！""大雄又推倒我的积木了。"

为什么呢？

我们从大雄事发之后的面部表情及他向同伴道歉的样子来看，他好像知道自己做错了。但是，当追赶同伴或和同伴互相打闹时，他就又会兴奋得忘乎所以。大雄一旦兴奋起来，就控制不住自己，很容易出现推人、打人等问题行为。

解决方案

首先，为了让孩子们在游戏时间不再出现自由走动和自由奔跑的行为，老师在教室里划分出了橡皮泥区、积木区、绘本区等几个专门的活动区域，并按照活动内容设置了相应的空间。在游戏时间开始前，老师会用展示图片的方式向孩子们讲解游戏规则，明确告诉大家这些游戏是怎么玩的，哪些玩法是不被允许的。另外，老师还在每个活动区的桌子上贴上了指示照片，提醒孩子们应该如何玩相关的游戏。这样，孩子们乱跑的行为就减少了。

此外，因为大雄一旦兴奋就忘乎所以，会用力推搡同伴或推倒同伴的玩具等，所以，每当老师看到大雄出现了兴奋的苗头时，就会马上提醒他，让他恢复平静。

支持要点

以前，一到了游戏时间，孩子们就会到处乱跑，玩自己喜欢的游戏。因此，在游戏时间，有一些孩子会互相打闹着玩儿，有一些孩子则在教室里搭积木，还有一些孩子会在教室里走来走去，互相展示自己制作的橡皮泥作品或画的图画，环境嘈杂、混乱。

于是，老师为不同的游戏活动划分了不同的区域，从而限定了孩子们的游戏内容和活动场所。

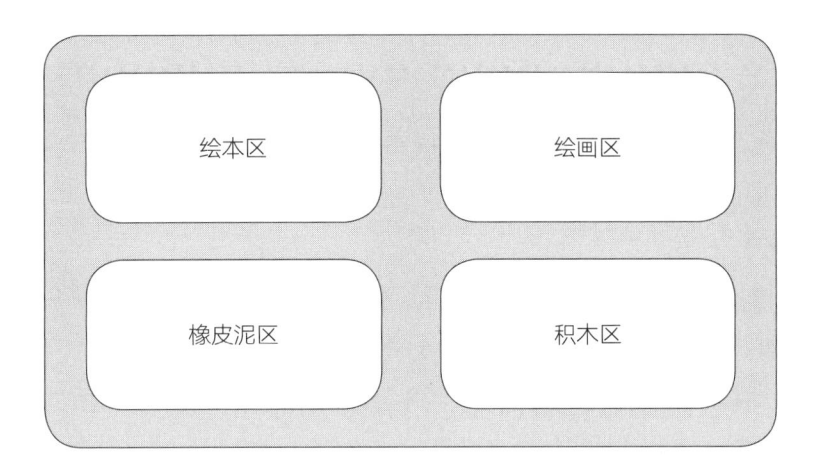

绘本区	绘画区
橡皮泥区	积木区

此外，在游戏时间开始前，老师还用展示图片的方式向孩子们讲解了游戏规则，让他们明白这些游戏是怎么玩的，哪些玩法是不被允许的。这样的方式让孩子们"遵守规则"的行为更容易发生了。在孩子们"遵守规则"的行为发生之后，他们会得到老师的表扬，因此他们"遵守规则"的行为发生频率增加了，同时，发生冲突的情况也就减少了。

A	B	C
● 游戏时间 ● 事先被告知规则 ● 明确的游戏场所 ● 安静有序的环境	遵守规则	● 可以和同伴一起玩 ● 被老师表扬

老师通过调整教室环境、事先明确游戏规则等方法，让孩子们"遵守规则"的行为发生频率增加了，使大雄的兴奋举动减少了。此外，每当大雄情绪高涨、有过度兴奋的苗头时，老师就会立即提醒他，让他冷静下来，这就避免了问题行为的出现。

思考的要点　ABA 理论

前提

- 为了让大雄和其他孩子"遵守规则"，老师在游戏开始前，讲解了游戏规则。通过这样的方式，大雄和其他孩子"遵守规则"的行为更容易发生了。

情景 11
不参与集体活动

实例 30　因感觉反应过度而厌恶噪声

孩子的情况　5 岁

小立一到集体唱歌时间就会变得很烦躁，并且离开活动现场。但是，在做体操、听故事和手工制作时间，他都可以参与活动，不会离开。

当小立在集体唱歌时间离开现场时，老师会追上他，要求他回到原地，但小立却坐在那里，拒绝返回，或者回去后很快再次离开。

小立在幼儿园和家里都会唱歌，家长也说他喜欢唱歌。然而，小立不喜欢音乐声很吵的地方，也不喜欢放烟花或救护车的声音。

为什么呢？

小立在幼儿园或家里都会唱歌，唱歌其实是他喜欢的活动。此外，他可以参与做体操、听故事等活动，因此老师推测集体唱歌活动时的环境是小立离开活动的原因。

据小立妈妈反映，小立不喜欢比较响的声音。据此，老师推测小立不是不喜欢参与活动，而是不喜欢较响的声音，他是为了远离声音才离开的。

解决方案

老师考虑到小立不喜欢较响的声音，就问他想站在哪里唱歌，他选择了离钢琴最远的地方，于是老师就在唱歌的时候让小立站在队伍的最后面，远离钢琴和音源。此外，如果助教在场，助教会站在小立的附近，观察小立的情况。当老师或助教在附近的时候，小立也似乎更容易参与活动。

支持要点

小立平时就不喜欢较响的声音,在"离开现场"后,他就听不见较响的声音了,因此他"离开现场"的行为发生频率增加了。

A	B	C
● 唱歌时间 ● 歌声很响 ● 琴声很响	离开现场	● 听不见很响的歌声了 ● 听不见很响的琴声了

老师让小立自己决定参与集体唱歌活动时站的位置,那里对他来说声音不会太吵。能够在舒适的环境下参与活动,还有老师在旁边看护,小立终于可以享受音乐了。此外,老师发现小立"参与活动"后,会马上表扬他,小立"参与活动"的行为发生频率也因此增加了。

A	B	C
● 唱歌时间 ● 舒适的音量 ● 附近有老师	参与活动	● 很开心 ● 可以被老师表扬

很多孩子会像小立这样,无法说清自己不参与活动的原因,所以老师需要从家长那里了解孩子的日常情况,仔细观察行为发生前后的状况,推测孩子为什么会出现这种行为。

思考的要点　ABA 理论

行为的功能

逃避

◆ 小立"离开现场"是因为"他想要逃离很响的声音","声音消失"的后果使他"离开现场"的行为发生频率增加了。

前提

◆ 小立"离开现场"是因为现场环境中有噪声。因此,老师通过让小立站在对他来说音量适度的地方进行活动,减少了他"离开现场"的行为发生频率。

后果

强化物的出现导致行为被强化

◆ 老师通过调整小立参与活动时站的位置,使小立能够在"参与活动"时享受音乐,并得到老师的夸奖。因此小立"参与活动"的行为发生频率增加了。

实例 31　因无法预期活动进程而不肯参与

孩子的情况　4 岁

小马常常不肯参与运动会和音乐演出等活动的练习,并且会离开练习现场。然而,在平时的体育课或音乐课上,他都会兴致勃勃地参与。小马看上去并不讨厌运动或音乐。当小马擅自离开练习现场时,老师会鼓励他"小马,再坚持一下,很快就要结束了",也会让他在旁边休息一下。

为什么呢?

运动会和音乐演出等活动的练习都需要对大致相同的内容进行反复演练。对于一些幼儿园孩子来说,这种对相同内容的反复演练容易让他们感到厌烦,使他们会对这项活动失去兴趣。

如果孩子们无法预期活动什么时候结束,或者不知道还要练习多少次,就可能会擅自离开活动现场。无法预期活动什么时候结束,以及对活动的厌倦是小马不参与集体活动的原因。此外,小马离开集体活动现场后,反倒可以与老师互动或休息,这种后果也可能导致他"离开现场"的行为发生频率增加。

解决方案

为了让孩子们知道活动内容有哪些,以及每项练习活动要进行多少次,老师在黑板上贴上了描绘活动内容的图片,并用"〇"表示练习的次数。孩子们每完成一次练习,老师就会擦掉一个"〇"。当所有的"〇"都被擦光了的时候,练习活动就结束了,这时老师会表扬那些一直参与到最后的孩子。在没有黑板的练习场所,老师会使用便携白板做这样的视觉提示。

此外,在时间安排方面,老师还使用了钟表。老师在分针上贴上一个"小熊"的图标,在计划的活动结束时间处,贴上一个代表"家"的图标。老师告诉大家,"小熊到家的时候,咱们的练习活动就结束了",这样孩子们就能预期当前练习活动的结束时间了。

支持要点

由于小马对反复练习同样的内容感到厌倦,他从"参与练习活动"的行为中并没有获得乐趣,这导致他"参与活动"的行为发生频率减少了。

A	B	C
● 练习时间 ● 同样的活动内容 ● 对活动内容感到厌倦 ● 不知道活动什么时候结束	参与练习活动	● 很无聊 ● 得到老师的表扬

小马做出"离开现场"的行为，其后果是能够获得老师的关注并得到休息的机会。

A	B	C
● 练习时间 ● 同样的活动内容 ● 对活动内容感到厌倦 ● 不知道活动什么时候结束	离开现场	● 可以与老师互动 ● 可以休息

于是，老师为了让孩子们能够预期练习活动的结束时间，在活动开始前，用"○"在黑板上展示出需要练习的次数，这样使得包括小马在内的孩子们都能够知道自己还要做多少次练习。每练习一次，"○"就会减少一个。由此，他们积极"参与练习活动"的行为发生频率增加了。

A	B	C
● 练习时间 ● 同样的活动内容 ● 对活动内容感到厌倦 ● 用"○"表示需要进行的练习次数	参与练习活动	● "○"减少 ● 得到老师的表扬

此外，老师在钟表的分针上贴了"小熊"的图标，在活动结束时间处贴上了代表"家"的图标，这样，即便孩子还不认识钟表也可以预期练习活动的结束时间。如此，孩子们可以更好地知晓练习活动的结束时间，小马和其他孩子积极"参与练习活动"的行为也更容易发生了。

思考的要点　ABA 理论

前提
- 我们猜测，小马不愿"参与练习活动"的原因之一是他无法预期这项活动的进程，比如，他不知道还要进行多少次练习。因此，老师展示出需要练习的次数标识后，小马"参与练习活动"的行为更容易发生了。

后果
厌恶刺激的消失导致行为被强化
- 小马"参与练习活动"的行为发生之后，表示练习次数的"○"就会减少，因此小马积极"参与练习活动"的行为发生频率增加了。

实例 32　　因想要获得同伴的关注而擅自离开活动现场

孩子的情况　5 岁

在做餐前准备时，小柚经常会跑到走廊看其他教室的情况，或者向其他孩子挥手。有一些孩子会模仿小柚的举动。当看到那些孩子挥手模仿自己或回应自己时，小柚就会非常开心。老师对小柚说："现在这个时间必须做餐前准备，不能跑到走廊去。"小柚听后也会笑嘻嘻地回到教室里继续做餐前准备，但她"离开准备活动现场"的行为并没有减少。

为什么呢？

小柚跑到走廊看其他教室的情况，或者向同伴挥手之后，同伴会模仿她或回应她，小柚会因获得这些反馈或关注而感到快乐，因此她跑到走廊的次数增加了。此外，老师的那些提醒对小柚来说其实也是对她的关注。

解决方案

老师认为，小柚应该通过参与活动获得同伴和老师的关注。为此，老师决定让孩子们按照座位进行分组，分别开展餐前准备工作。当第一排的孩子全部完成餐前准备工作时，他们会喊"我完成了"，然后，第二排的孩子再开始做餐前准备工作。通过这样一排一排按顺序做餐前准备的方式，那些完成任务的孩子可以获得排在后面等待中的孩子们的关注。此外，老师也会大力夸奖正在进行餐前准备的孩子。

虽然乍一看，这样的安排会让孩子们花费比以前更多的时间做餐前准备工作，但是，孩子们跑到走廊里溜达或交谈的情形减少了，因此全班完成全部餐前准备工作的整体时间实际上缩短了。此外，现在孩子们已经可以按照这种方式有序地做好自己的餐前准备工作了，老师也可以腾出手来一边准备食物，一边夸赞孩子。

支持要点

小柚"跑去走廊,向同伴挥手"的行为,获得了老师和同伴的反馈和关注。

A	B	C
● 餐前准备时间 ● 没有来自老师的关注 ● 没有来自同伴的关注	跑去走廊,向同伴挥手	● 获得了老师的关注 ● 获得了同伴的关注 ● 获得了同伴的回应

于是,老师开始让孩子们分组进行餐前准备。小柚做出"进行餐前准备"的行为后,可以获得老师和同伴的关注,以及老师的赞扬。

A	B	C
● 餐前准备时间 ● 按座位分组进行餐前准备的规则	进行餐前准备	● 获得了老师的关注 ● 获得了同伴的关注 ● 获得了老师的赞扬

这种方法为所有孩子提供了做出适当行为的机会。因此,相比之前全班孩子同时做餐前准备的方式,他们现在完成餐前准备工作的速度反而加快了。

思考的要点　ABA 理论

行为的功能
关注
● 小柚做出"跑去走廊,向同伴挥手"的行为的原因是,她能够由此获得老师和同伴的关注。因此,获得老师和同伴的关注之后,她"跑去走廊,向同伴挥手"的行为发生频率增加了。

后果
强化物的出现导致行为被强化
● 小柚"进行餐前准备"的行为发生之后,获得了老师和同伴的关注,还获得了老师的赞扬。因此,小柚"进行餐前准备"的行为发生频率增加了。

第 3 章

深入学习！
应用行为分析的理论与应用

本章将讲解第 2 章的实例中所采用的各种干预方法背后的 ABA 原理。

应用行为分析的理论可以应用在我们日常生活的各个场景中，我们也可以用这套理论对孩子在幼儿园里的种种表现进行科学的分析。

本书的第 2 章已经通过大量实例展现了应用行为分析理论在日常生活中及在幼儿园场景中的实战应用。在这些实例中，我们描述了行为分析的过程，读者可以运用应用行为分析的理论对自己的行为或其他人的行为做出类似的思考和解释。

当你真的这样做的时候就会发现，我们的行为无不受前提和后果的影响。

此外，本书的内容只是应用行为分析理论当中的一部分，读者如果对应用行为分析感兴趣，或者还想进一步学习，那么可以通过相关讲座、培训课程或专业书籍，开展更加深入的学习和探究。

原理 1
前提

定义

前提是行为发生之前的状况。

前提策略可以引导或预示适当行为或其后果，还可以对后果的效力产生影响。在第 1 章的技巧 2 中，我们讲解了哪些事物可以被看作"前提"，我们将在这里继续讲解前提对行为的影响。

提示目标行为（辅助）

我们可以运用提示目标行为的方法向孩子展示适当的行为，这在应用行为分析中被称为"辅助"。辅助有很多种形式，包括语言、文字、声音、图片、手势，以及直接的肢体接触等。示范也是辅助的一种。

●日常生活场景的应用①

辅助 手机的闹钟功能
行为 准时开会

为了能准时参加 10 点的会议，我们会用手机设置闹钟，闹铃在会议前 5 分钟响起。通过闹铃的提醒，我们注意到了时间，避免了迟到。

●日常生活场景的应用②

辅助 提醒丈夫"今天是星期二，记得扔可燃垃圾"
行为 在星期二扔可燃垃圾

每个星期二是当地垃圾分类规定的可燃垃圾投放日，妻子与丈夫约定，每个星期二由丈夫去扔可燃垃圾。到了星期二早晨，为了避免丈夫忘记，妻子会提醒他，"今天是星期二，记得去扔可燃垃圾"，于是他就会记得出门时把可燃垃圾带走。

● 幼儿园场景的应用①

辅助 指着玩具架告诉孩子"把玩具放到这个架子上面"
行为 把玩具放到正确的位置

进入新学期，老师为了教孩子们在玩耍之后将散落在教室里的玩具放回原处，会指着玩具架告诉大家："小朋友们，请把玩具放到那个架子上面。"孩子们看着老师手指的方向，听从了老师的指令，他们知道了应该把玩具放回哪里，于是玩具就会被正确地归位了。

● 幼儿园场景的应用②

辅助 示范画画
行为 画去动物园游玩的画

老师带孩子们去动物园游玩之后，让孩子们把本次游玩的内容画出来。老师一边解说"在动物园里，我们看到了大象"，一边画出一只大象展示给孩子们。孩子们看到了老师的画，也模仿着画出自己在动物园曾经看到的动物。

辅助虽然有助于引导出孩子的适当行为，但我们希望的是，孩子最终能在没有辅助的情况下做出那些适当行为。例如，孩子们知道了该将玩具放到架子上之后，即使老师不再指出方向或发出指令，他们也能够自己整理好玩具。因此，我们需要逐步减少辅助（参见专栏2"减少辅助的方法"）。例如，老师可以采用间接辅助的方法，问孩子"应该把玩具收到哪个架子上呢？"或提醒孩子"你的玩具还没有收好哦"。

提前告知后果

我们可以通过向孩子预告行为将会带来的后果，对行为产生影响。

● 日常生活场景的应用

前提 店铺发布的"特卖：今日享 5 倍积分"的广告
行为 进店买东西

我们会因为早上看到的一则某店铺发布的"特卖：今日享 5 倍积分"的广告进店买东西，尽管我们今天本没有非买不可的日用品，但还是跑去店里买了。

● 幼儿园场景的应用

前提 赞扬一个孩子的画，并向其他孩子介绍这幅画的优点
行为 画画

在绘画活动中，老师赞扬了一个孩子的画，并向其他孩子介绍了这幅画的优点。其他孩子看到这些，也会争取自己能得到老师的关注和赞扬，因此孩子们"画画"的行为就增加了。

增强或减弱后果的效力

改变前提可以增强或减弱后果的效力，从而对行为产生影响。

● 日常生活场景的应用

前提 饥饿
行为 半夜里吃零食

当我们半夜里感到饥饿时，"半夜里吃零食"的行为会更容易发生。相反，当我们肚子里很饱的时候，"半夜里吃零食"的行为就不容易发生了。

● 幼儿园场景的应用

前提 活动时间受到限制
行为 在教室里跑来跑去

对于那些好动的孩子，如果我们只准让他们待在教室里，使得他们运动的时间受到限制，那么这些孩子"在教室里跑来跑去"的行为会更容易发生。相反，他们如果有很多户外活动时间，可以充分地奔跑和玩耍，那么"在教室里跑来跑去"的行为就不容易发生了。

原理 2
后果

定义

后果是紧随在行为发生之后的状况。
强化物：行为发生后紧随着出现的能让行为的发生频率增加的后果。
厌恶刺激：行为发生后紧随着出现的能让行为的发生频率减少的后果。

后果的呈现增加了行为的发生频率，这在应用行为分析中被称为"强化"。相反，后果的呈现减少了行为的发生频率，被称为"惩罚"。我们将在这里逐一讲解"强化物""厌恶刺激""强化""惩罚"这四个概念，以及它们之间的关系。

请注意，强化物和厌恶刺激因人而异。对某个孩子来说是强化物的事物，对另一个孩子来说可能并不是强化物，甚至可能是厌恶刺激。所以，我们首先需要了解每个孩子的强化物和厌恶刺激是什么。

> 行为发生后，强化物立即出现，行为的发生频率因此而增加（强化物的出现导致行为被强化）。

如果某行为发生的后果是强化物出现，那么该行为的发生频率就会增加。

● 日常生活场景的应用

行为 写作业

强化物 妈妈的赞扬，零食

A	B	C
● 回家之后 ● 妈妈 ● "写完作业就能吃零食"的规则 ● 学校留了作业	写作业	● 写完作业了 ● 得到妈妈的赞扬 ● 可以吃零食

妈妈在家里设置了"写完作业就能吃零食"的规则。因此，回到家之后，孩子做出"写作业"的行为会得到妈妈的赞扬，写完作业还可以吃到零食。结果，孩子回家后立刻"写作业"的行为发生频率增加了。

● 幼儿园场景的应用

行为　参与运动会的项目练习

强化物　老师的赞扬

A		B		C
● 运动会项目练习的时间 ● 老师	➡	● 参与练习	➡	● 得到老师的赞扬

在运动会的项目练习活动中，孩子们"参与练习"的行为发生后，老师给予了很多称赞，例如，"你们真努力啊！""你们进步很快啊！"结果，孩子在运动会的项目练习中，积极"参与练习"的行为发生频率增加了。

> 行为发生后，强化物随即消失，行为的发生频率因此而减少（强化物的消失导致行为被惩罚）。

如果某行为的后果是强化物消失，那么该行为的发生频率就会减少。

● 日常生活场景的应用

行为　离开有暖气的房间

强化物　温暖的感觉

A		B		C
● 寒冷的冬季 ● 暖气带来的温暖感觉	➡	● 离开有暖气的房间	➡	● 温暖的感觉消失了

寒冷的冬季，我们坐在有暖气的房间里感觉很舒适，当"离开有暖气的房间"的行为发生时，温暖的感觉就马上消失了。我们有了这样的经验之后，天冷时，"离开有暖气的房间"的行为发生频率就会减少。

● 幼儿园场景的应用

行为　向同伴扔球

强化物　同伴的关注，玩球

A		B		C
● 自由游戏时间 ● 同伴和老师 ● 没有来自同伴和老师的关注	➡	● 向同伴扔球	➡	● 获得同伴的关注 ● 球被收走 ● 不能再玩

在自由游戏时间，某个孩子在没有获得同伴或老师的关注时，做出"向同伴扔球"的行为，这之后，虽然他获得了同伴的关注，但老师马上过来收走了球，他不能继续玩球了。结果，这个孩子"向同伴扔球"的行为发生频率减少了。

老师通过这样的处理方法，确实可能让这个孩子"向同伴扔球"的行为发生频率减少。但是，他"向同伴扔球"的行为发生前，还存在"没有来自同伴或老师的关注"的前提，所以他的这类问题行为可能依然比较容易发生。此外，这个孩子可能并未掌握适当的沟通行为，难以恰当地获取周围同伴的关注。因此，老师除了采取"收走球"的应对措施之外，还应引导这个孩子以安全且适当的方式开展互动玩耍，同时应该给予他更为充分的关注和赞扬。

> 行为发生后，厌恶刺激立即出现，行为的发生频率因此而减少（厌恶刺激的出现导致行为被惩罚）。

如果某行为发生的后果是厌恶刺激出现，那么该行为的发生频率就会减少。

● 日常生活场景的应用

行为 在学校体育社团活动中和朋友聊天
厌恶刺激 被教练训斥

A	B	C
● 在学校体育社团活动中 ● 教练 ● 关系很好的朋友	● 和朋友聊天	● 被教练训斥

在学校体育社团活动中，我们做出"和朋友聊天"的行为后，被教练训斥了。因此，在以后的社团活动中，我们在教练面前"和朋友聊天"的行为发生频率减少了。

在这种情况下，虽然教练在场时我们"和朋友聊天"的行为发生频率减少了，但是教练不在场时我们还是会发生"和朋友聊天"的行为（见专栏1）。在社团活动中，"参与体育活动"才是更为适当的行为，因此，如何增加"参与体育活动"的行为发生频率才是干预的重点。

● 幼儿园场景的应用

行为　在洗手之前就开始吃零食

厌恶刺激　被同伴提醒

A	B	C
● 同伴 ● 零食时间 ● 在洗手之前	吃零食	● 被同伴提醒 ● 获得同伴的关注

在零食时间，某个孩子如果在洗手之前就吃了零食，会被同伴提醒说"你做得不对哦"，并被很多同伴注意到。结果，这个孩子在洗手之前"吃零食"的行为发生频率减少了。

行为发生后，厌恶刺激立即消失，行为的发生频率因此而增加（厌恶刺激的消失导致行为被强化）。

如果某行为发生的后果是厌恶刺激消失，那么该行为的发生频率就会增加。

● 日常生活场景的应用

行为　回自己的房间

厌恶刺激　父母询问成绩和学业

A	B	C
● 客厅 ● 家长 ● 家长询问成绩和学业	回自己的房间	● 家长不再询问成绩和学业

孩子在客厅时，家长经常会询问孩子成绩和学业方面的问题，例如，"你最近考试成绩怎么样啊？""你决定考哪个学校了吗？"这时，如果孩子做出"回自己的房间"的行为，这些询问就不再出现了。因此，当家长在客厅时，孩子"回自己的房间"的行为发生频率增加了。

● **幼儿园场景的应用**

行为　离开教室

厌恶刺激　噪声

A	B	C
● 很响的钢琴声 ● 同伴的歌声 ● 唱歌时间	离开教室	● 很响的钢琴声消失了 ● 同伴的歌声消失了

在唱歌活动中，教室里有很响的钢琴声和同伴的歌声，某个孩子因无法忍受这些嘈杂的声音而"离开教室"，这个行为发生之后，钢琴声和同伴的歌声都消失了。因此，到了唱歌时间，教室里出现很响的钢琴声和同伴的歌声时，这个孩子"离开教室"的行为就会发生。

这样的声音对于其他孩子来说虽然不算什么，但对于听觉刺激反应过度的孩子来说会难以忍受。所以，我们不能只把其他孩子的感觉反应当作标准，还应该关注这类感觉反应过度的孩子（参见第1章技巧2），思考他们为什么会出现这种逃离行为。

● **小结**

后果	出现	消失
强化物	行为发生频率增加（强化）	行为发生频率减少（惩罚）
厌恶刺激	行为发生频率减少（惩罚）	行为发生频率增加（强化）

原理 3
示范

> **定义**

示范是通过实际展示适当行为，引导孩子模仿，促使行为发生的方法。

示范是一种易于实施的、有效的干预方法，它能引导孩子做出适当的行为，对孩子来说也很容易理解。在示范时，我们应演示孩子做得到的行为。例如，骑独轮车时，某个孩子很难保持平衡，那么，老师即便演示了"骑独轮车前进"的行为，孩子也难以成功模仿。此外，我们要确保孩子在认真地观察示范行为，如果老师在孩子没注意看的时候就做示范，那么孩子也难以模仿。示范还可以通过录制并播放示范行为视频，或者展示图画及照片等视觉提示来实现。

● 日常生活场景的应用①

行为 刷牙

为了教孩子刷牙，爸爸在孩子面前演示了刷牙的过程，孩子模仿爸爸的动作刷牙。

● 日常生活场景的应用②

行为 设置智能手机

我们会在不懂如何设置智能手机时，上网查找方法，并按网上的图片说明进行操作，最终设置成功。

● 幼儿园场景的应用①

行为 问候说"早上好"

在到校时，老师和妈妈当着孩子的面互相问候说"早上好"，孩子看到之后，也学着向老师问候说"早上好"。

● 幼儿园场景的应用②

行为 用积木搭建各种作品

在游戏活动中，一个孩子用积木搭了一架飞机。老师将他的作品向其他孩子展示并介绍，而且夸赞了他。结果，更多的孩子开始用积木搭飞机了。

原理 4
消退

定义

消退是指以往作为行为强化物（使行为的发生频率增加）的后果不再出现。

由于强化物不再出现，我们采取消退措施可以让行为的发生频率减少。消退被认为是一种可以有效减少问题行为发生频率的重要方法。而且，这个方法与使用厌恶刺激的做法（专栏1）相比，在有效地减少问题行为的同时，不会像后者那样（如呵斥等做法）带来可能的负面影响。不过，当采取消退措施时，问题行为的发生频率有时会暂时性地增加，因为孩子会反复试图通过该问题行为获取以往曾经出现的强化物，这种现象被称为"消退爆发"。即便孩子出现消退爆发的现象，只要我们继续坚持，让强化物不再出现，孩子问题行为的发生频率也会减少。而我们在试图减少孩子问题行为的发生频率时，通常还需要尽快让替代性的适当行为出现，这时候我们常常会使用差别强化的策略来缓解消退爆发的现象。

● 日常生活场景的应用 ①

行为 按自动售货机的按钮
强化物 饮料出现

当我们将钱币投进自动售货机，按下按钮之后却没见饮料出来时，我们会继续多次按下按钮，如果饮料还是没出来，最后我们就会放弃，并转而使用另一台自动售货机。

● 日常生活场景的应用 ②

行为 邀请朋友一起玩
强化物 朋友过来一起玩

如果我们邀请朋友一起玩却被拒绝了，那我们会换个时间再邀请他。但是，我们如果总是遭到拒绝，也就不会再对他发出邀请了。

●幼儿园场景的应用

> **行为** 说"我还想玩"

> **强化物** 户外游戏

当户外游戏活动结束的时候，孩子说"我还想玩"，并且一直不肯回教室。于是，老师对他解释说"稍后还可以再玩，先进教室吃午餐"。虽然孩子还是会坚持说"我还想玩"，可是老师连续说了几次之后，他终于意识到无法继续玩下去，最后主动回到了教室。

原理 5
差别强化

定义

我们对问题行为进行消退（使强化物不再出现）的同时，还要对适当行为进行强化（呈现能增加行为发生频率的后果）。

为了减少问题行为，我们既可以考虑使用消退策略，也可以考虑使用惩罚策略（呈现能够减少行为发生频率的厌恶刺激）。然而，消退有可能会引发问题行为的短暂增加，即所谓的消退爆发现象。厌恶刺激的呈现也有可能会带来某些负面影响，导致孩子逃避出现该问题行为的情景或者出现其他问题行为（专栏 1）。

因此，我们在运用消退策略减少问题行为发生频率的同时，还需要通过强化策略增加适当行为的发生频率，这就是"差别强化"。差别强化可以有效且迅速地增加适当行为的发生频率，因此被广泛应用在各种场合中。

如果我们仅使用了强化适当行为的方法，但是适当行为的发生频率没有增加，那么我们可以使用语言提示（辅助）或示范的方法引导适当行为的出现。此外，有时我们预想的适当行为对孩子来说可能有实际难度，那么这时我们就需要重新设定一个孩子能够完成的适当行为。

以下是几个差别强化的例子。

> **首先，我们要考虑通过增加适当行为的发生频率来减少问题行为的发生频率。**

● 日常生活场景的应用

问题行为 在前往约定地点的途中，绕道去别的地方逛了一下，结果迟到了
适当行为 没有绕道，直接去约定地点

A	B	C
● 约定好的见面时间 ● 开车去 ● 附近有便利店	绕道去便利店 逛了一下	● 买到了零食 ● 迟到

```
┌─────────────────┐     ┌─────────────────┐     ┌─────────────────┐
│        A        │     │        B        │     │        C        │
│ ● 约定好的见面时间 │ ──▶ │ ● 直接去约定地点  │ ──▶ │ ● 准时到达       │
│ ● 坐地铁去       │     │                 │     │                 │
└─────────────────┘     └─────────────────┘     └─────────────────┘
```

驾车前往目的地时,我们有时会绕道去便利店等地方逛一下,结果,约会迟到。因此,我们改坐公共交通工具,如地铁等,这样就不会出现绕道的情况了,我们可以直接前往约定地点,准时到达。

● **幼儿园场景的应用**

问题行为 在走廊里奔跑

适当行为 在走廊里排队行走

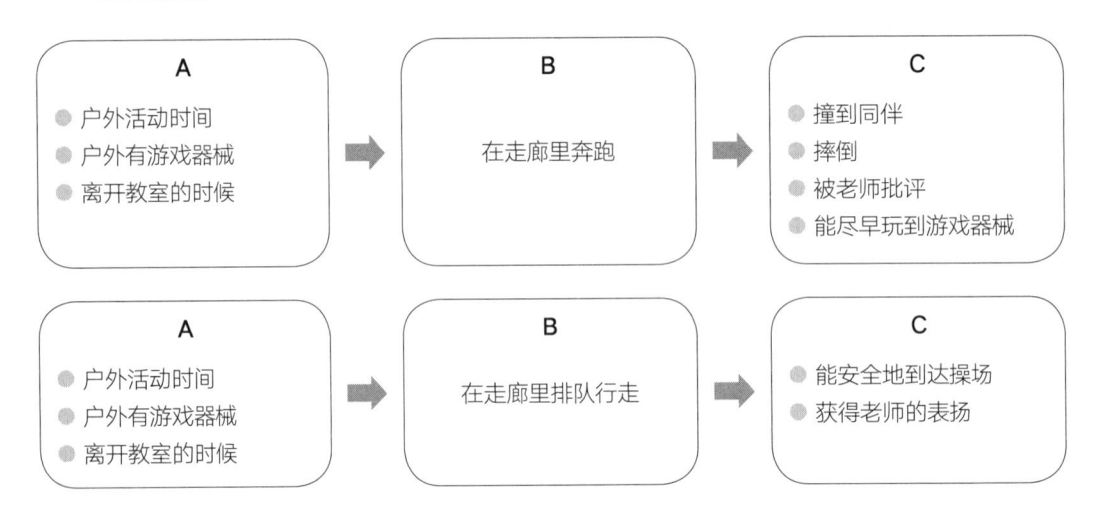

```
┌─────────────────┐     ┌─────────────────┐     ┌─────────────────┐
│        A        │     │        B        │     │        C        │
│ ● 户外活动时间    │     │                 │     │ ● 撞到同伴       │
│ ● 户外有游戏器械  │ ──▶ │ ● 在走廊里奔跑    │ ──▶ │ ● 摔倒          │
│ ● 离开教室的时候  │     │                 │     │ ● 被老师批评     │
│                 │     │                 │     │ ● 能尽早玩到游戏器械│
└─────────────────┘     └─────────────────┘     └─────────────────┘
```

```
┌─────────────────┐     ┌─────────────────┐     ┌─────────────────┐
│        A        │     │        B        │     │        C        │
│ ● 户外活动时间    │     │                 │     │ ● 能安全地到达操场 │
│ ● 户外有游戏器械  │ ──▶ │ ● 在走廊里排队行走 │ ──▶ │ ● 获得老师的表扬  │
│ ● 离开教室的时候  │     │                 │     │                 │
└─────────────────┘     └─────────────────┘     └─────────────────┘
```

一到户外活动的时间,很多孩子就会在走廊里奔跑,他们可能会撞到同伴,也可能自己会跌倒等,所以很危险。老师总会提醒大家要注意安全,可孩子们的这种"奔跑"行为的发生频率还是没有减少。于是,老师引导大家排成整齐的队伍一起向户外走,这样一来,孩子们就可以安全地到达游戏场所了。

> 其次,我们要考虑在消退问题行为的同时强化适当行为。

● **日常生活场景的应用**

问题行为 在工作时间聊天

适当行为 在工作时间讨论工作

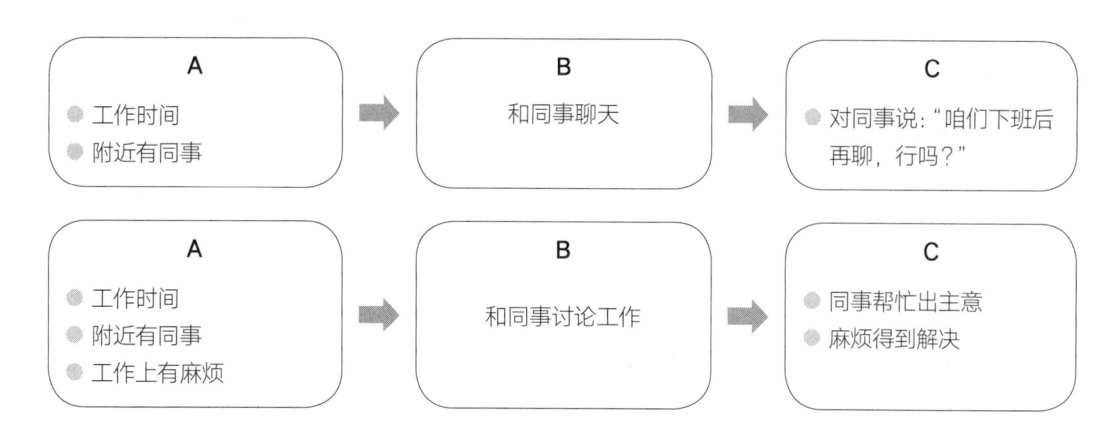

A		B		C
● 工作时间 ● 附近有同事	➡	和同事聊天	➡	● 对同事说:"咱们下班后再聊,行吗?"

A		B		C
● 工作时间 ● 附近有同事 ● 工作上有麻烦	➡	和同事讨论工作	➡	● 同事帮忙出主意 ● 麻烦得到解决

在工作时间里,有同事频繁过来和我们交谈。如果我们要听他讲完所有的话题,那自己的工作进度就会受到影响。因此,对于和工作无关的话题,我们可以说"咱们下班后再聊,行吗?"从而终止这个话题,只与他讨论与工作相关的话题。

● **幼儿园场景的应用**

问题行为 想获得同伴手里的玩具时,从同伴那里抢过来
适当行为 想获得同伴手里的玩具时,跟同伴说"请借给我吧"

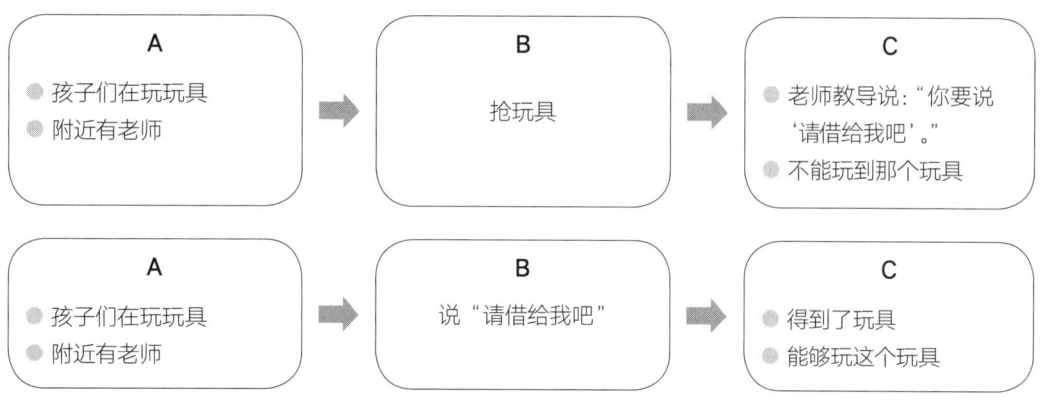

A		B		C
● 孩子们在玩玩具 ● 附近有老师	➡	抢玩具	➡	● 老师教导说:"你要说'请借给我吧'。" ● 不能玩到那个玩具

A		B		C
● 孩子们在玩玩具 ● 附近有老师	➡	说"请借给我吧"	➡	● 得到了玩具 ● 能够玩这个玩具

对于孩子"抢同伴正在玩的玩具"的行为,老师为了让该行为不被强化,可以马上将他抢到的玩具先还给别人,并引导他说"请借给我吧"。然后,在孩子说"请借给我吧"之后,老师再把那个玩具给他。

原理 6
行为的功能

定义

行为的功能是指行为发生的原因或因行为发生而产生的后果。

应用行为分析的一个特征就是注重行为的功能。虽然发生的行为看起来可能相同，但其功能却有可能不同，不同的功能也就意味着行为发生的原因不同。要增加适当行为的发生频率或者要减少问题行为的发生频率，我们就必须根据该行为的功能决定采取何种前提或后果策略。

应用行为分析将行为的功能分为四种：获得物品或活动、获得关注、逃避、获得感官刺激。这里将介绍在日常生活场景和幼儿园场景中，表现相同但功能不同的行为。

● 日常生活场景的应用

行为 和朋友说话

功能 获得物品或活动

A	B	C
● 朋友在附近 ● 自己有烦恼 ● 没有解决办法	和朋友说话	● 烦恼消失了 ● 找到了解决办法

当自己有烦恼且无法排解时，我们做出"和朋友说话"的行为是希望找到解决办法。在这种情况下获得物品或活动是该行为的功能，也是该行为发生的原因。

功能 获得关注

A	B	C
● 朋友在附近 ● 没有来自朋友的关注	和朋友说话	● 获得朋友的关注

当我们看到一位朋友但对方没有注意到自己时，我们很可能会上前做出"和朋友说话"的行为。这样，我们就成功地让朋友注意到了自己。在这种情况下，获得关注是该行为的功能，也是该行为发生的原因。

功能 逃避

A		B		C
● 朋友在附近 ● 有不喜欢的人	→	和朋友说话	→	● 不喜欢的人离开了

当我们想要避免不喜欢的人的搭话时，如果正好看见附近有自己的朋友，就有可能做出"和朋友说话"的行为，因为这个行为可以帮我们成功地逃避眼前这位不喜欢的人的搭话。在这种情况下，逃避是该行为的功能，也是该行为发生的原因。

功能 获得感官刺激

A		B		C
● 朋友在附近 ● 自己有一个感兴趣的话题	→	和朋友说话	→	● 分享了话题 ● 聊得很开心

当我们有了某个新鲜有趣的话题时，如果正好看见朋友在附近，我们就会做出"和朋友说话"的行为，将自己感兴趣的内容告诉朋友，在聊天分享的过程中，自己也会很开心。在这种情况下，获得感官刺激是该行为的功能，也是该行为发生的原因。

● 幼儿园场景的应用

行为 扔玩具

功能 获得物品或活动

A		B		C
● 游戏时间 ● 玩具 ● 与老师没有互动	→	扔玩具	→	● 可以与老师肢体互动

当孩子在游戏时间与自己喜欢的老师没有互动时，他有时会做出"扔玩具"的行为来获得老师安抚性质的肢体互动，如抱抱等。在这种情况下，"扔玩具"的行为具有获得与老师肢体互动的功能。

功能 获得关注

A		B		C
● 游戏时间 ● 玩具 ● 没有来自老师的关注	→	扔玩具	→	● 获得老师的关注

在游戏时间，当孩子没有得到老师的关注时，他有时会做出"扔玩具"的行为来获得老师的关注。在这种情况下，"扔玩具"的行为具有获得老师关注的功能。

功能 逃避

A		B		C
● 游戏时间 ● 玩具 ● 同伴高声说话	→	扔玩具	→	● 同伴的声音消失了

在游戏时间，某个孩子更喜欢安静的环境，同伴大声说话的声音会让他感到不适，这时候他做出"扔玩具"的行为让同伴停止喧闹。在这种情况下，"扔玩具"的行为具有逃避同伴的声音的功能。

功能 获得感官刺激

A		B		C
● 游戏时间 ● 玩具	→	扔玩具	→	● 玩具掉在地上的声音

在游戏时间，孩子手里拿着一些玩具，这时他做出"扔玩具"的行为可以听到玩具掉在地上的声音。在这种情况下，"扔玩具"的行为具有获得感官刺激的功能。

如前所述，即使行为看起来相同，其后果也可能不同，也就是说，行为的功能是不同的。了解行为的功能之后，我们就可以针对该功能采取相应的干预措施。

例如，如果"扔玩具"的行为具有获得物品或活动的功能，那么我们就需要教孩子掌握适当的请求行为，如教他说"请给我××"。如果该行为具有获得关注的功能，那么我们则需要教孩子掌握用适当行为获取关注，如教他呼唤老师"老师，快过来"。此外，我们在教授适当行为的同时，应该确保孩子"扔玩具"的问题行为不再获得关注，还应该鼓励孩子以适当的玩法玩玩具，并且对孩子"呼唤老师"的行为给予更积极的关注。如果该行为具有逃避的功能，那么我们需要教孩子通过适当行为来避免某个活动或事件的发生，如引导孩子对别人说"请大家安静"，并在此之后为孩子提供安静的环境。如果该行为具有获得感官刺激的功能，那么我们应该准备一些能让孩子获得感官刺激的玩具，如既可以投掷又不会带来危险的玩具，或者不能扔却可以带来感官刺激的玩具。

一个行为的功能不一定只有一种。如果一个行为同时具有多种功能，那么我们需要根据该行为的主要功能来思考应对策略。此外，即使是相同的行为，在不同的时间和场合下，该行为的功能也可能会有变化。我们通过 ABC 分析理解行为，将关注重点放在行为的功能上，这有助于我们做出更为正确的应对。

原理 7
普雷马克原理

定义

如果在不经常发生的行为发生之后出现某个经常发生的行为,那么,这个不经常发生的行为就会更容易发生。

这也就是说,把孩子不太喜欢的活动安排在他喜欢的活动之前,那么这个孩子不太喜欢的活动就更容易被接受。比如,某些事情我们必须做,却一直没有动力,在不知不觉中,我们也许开始玩起了手机,结果浪费了时间。再比如,我们看见孩子只看电视不写作业,就会在不知不觉中开始大声训斥他。

如果我们了解普雷马克原理（Premack Principle）,也许就不会总是浪费时间玩手机,也不会对不做作业的孩子大声训斥了。

● 日常生活场景的应用①

不经常发生的行为 写工作报告

经常发生的行为 看手机、刷朋友圈

我们可以将手机放在够不到的地方,等写完工作报告,再去看手机、刷朋友圈。手机不在身边,我们就不会分散注意力,我们期待着接下来可以看手机、刷朋友圈,但在此之前要先写工作报告,这样工作也就能更快地完成了。

● 日常生活场景的应用②

不经常发生的行为 写作业

经常发生的行为 看动画片

我们可以把孩子喜欢看的动画片录下来,要求他在完成作业后观看。孩子抱怨了一下,但还是勉强开始写作业。而他写完作业就可以高兴地看动画片了,这样,孩子从此之后就会更加主动地写作业了。

● 幼儿园场景的应用

不经常发生的行为 做放学前的准备工作

经常发生的行为 阅读喜欢的绘本

在做放学前的准备工作时，孩子们通常会花费很多时间与同伴聊天或玩耍。于是，老师告诉他们只要完成自己的放学前准备工作，就可以开展他们最喜欢的室内活动，即阅读自己喜欢的绘本。从此，孩子们为了能够阅读自己喜欢的绘本，就会迅速做好放学前的准备工作。

原理 8
随机教学

定义

在日常生活场景中，为了教孩子适当行为，我们需要创造机会促使这些行为发生，让孩子有获得强化物的体验，使他们可以更好地掌握技能，这样的指导方法就是随机教学。

当行为的后果中含有强化物时，该行为的发生频率就会增加。此外，如果某个行为出现的机会很多，那么这个行为就会由于频繁被强化而很快被掌握。

● 日常生活场景的应用

行为 做饭
场景设置 一起做晚饭

为了让孩子能够独立地做饭，我们可以从一起做晚饭开始教学。我们通过示范和口语讲解的方法引导孩子，最终让孩子学会做出可口的晚饭。

● 幼儿园场景的应用①

行为 与同伴商量着制作作品
场景设置 大班，两个孩子用一张图画纸做出一个作品

老师只准备一张图画纸，向两个孩子发出指令，"你们两人商量着制作一件作品吧"。这样的任务可以增加孩子之间的交流机会。通过这样的练习，孩子之间的交流与合作加强了。

● 幼儿园场景的应用②

行为 孩子们相互借用物品
场景设置 手工活动课上，只有1套材料

在手工制作活动中，老师在每张桌子上只放了1瓶胶水和1把剪刀，这样就增加了孩子们练习等待或互相借用工具的机会，老师可以引导孩子们说"请借给我剪刀"或"请借给我胶水"。通过这样的环境布置，孩子们学会了如何用语言向其他人借用和归还物品，同时，他们还获得了在互动中练习说"请"和"谢谢"的机会。

原理 9
塑造

定义

塑造是指渐进地只强化更为接近教学目标的行为，从而让孩子逐步掌握适当的行为技能。

塑造是我们在无法立即让孩子达成最终目标，需要逐步达成阶段目标的情况下采用的一种有效的教学方法。我们在进行塑造时，如果接近目标的行为稳定地出现了，我们就要对该行为进行消退（不再使用强化物），同时开始强化比该行为更接近教学目标的新行为。如此，我们通过逐步地对更接近目标的行为进行强化，就可以让孩子掌握最终的目标行为。

● 日常生活场景的应用

行为 抛接球
目标1 抛球
目标2 将球抛向对方所站的方向
目标3 将球抛向对方不用移动就能接到的位置
目标4 将球抛向对方稍微移动就可以接到的位置

首先，我们以"抛球"作为教学的目标1，一旦孩子做出"抛球"的行为，我们就马上称赞他"投得真好！"如此来强化他"抛球"的行为，引导孩子更多地成功做出这个行为。在孩子能比较稳定地做出"抛球"行为后，我们就停止对此的称赞（消退），转而开始强化目标2的行为，即"将球抛向对方所站的方向"。在目标2的行为发生频率增加之后，我们就停止对此的称赞（消退），转而开始强化目标3的行为，即"将球抛向对方不用移动就能接到的位置"。就这样，我们逐步地改变强化或消退的目标，从而教孩子实现最终的目标行为"抛接球"。

● 幼儿园场景的应用

行为 穿鞋
目标1 坐着用尼龙搭扣扣好鞋子
目标2 坐着将脚伸进鞋子
目标3 坐着将脚后跟放入鞋子
目标4 站着穿鞋

首先，我们以目标1"坐着用尼龙搭扣扣好鞋子"作为起始的教学任务，我们可以先帮助孩子穿上鞋子，只在最后辅助他用尼龙搭扣扣好鞋子，在孩子完成后称赞他"你真棒！"如此来强化他"用尼龙搭扣扣好鞋子"的行为，我们最终要让孩子在不需要辅助的情况下自己完成这项任务。当他能独立完成"用尼龙搭扣扣好鞋子"这一任务并表现稳定时，我们就不再对此称赞了（消退）。同时，我们要开始教孩子掌握目标2"坐着将脚伸进鞋子"。刚开始时，我们可能需要帮助孩子将脚尖靠近鞋子，或者用手指向鞋子来帮助孩子完成这个任务。一旦孩子完成"坐着将脚伸进鞋子"这一任务，我们就马上称赞他。当目标2"坐着将脚伸进鞋子"的行为可以稳定出现时，我们就不再对此称赞了（消退），进而开始教孩子学习目标3"坐着将脚后跟放入鞋子"。这时我们可以用手指向鞋跟或者在鞋跟处画圈来辅助孩子完成这项任务。当孩子完成"坐着将脚后跟放入鞋子"这一任务时，我们要马上称赞他。如此，我们通过逐步改变强化或消退的目标，一步一步地教孩子达成独立穿鞋的最终目标。

原理 10
任务分析

定义

任务分析是指将复杂的技能或行为分解成较小的学习步骤。

我们进行任务分析的主要目的，是找出在复杂技能或行为的执行过程中可能遇到的困难步骤，进而针对这些困难的行为步骤逐一地开展强化与教学，从而教孩子掌握复杂的技能和行为。

在任务分析中，对于应该将行为细分到什么程度这个问题没有一个确切的答案。这是因为任务分析的目的就是找出一个对孩子来说有困难的特定行为，所以即便我们做了任务分析，有时也需要进一步将孩子实际遇到的有困难的部分继续细分，以更小的教学步骤来帮助孩子逐渐掌握技能。

● 日常生活场景的应用

行为 在手机上连接无线网络
步骤1 点击手机的"设置"图标
步骤2 点击"无线网络"
步骤3 点击要连接的无线网络的用户名
步骤4 输入用户名的密码
步骤5 点击"连接"按钮

"连接无线网络"这个行为可以分解成多个步骤。当无法成功地连接无线网络时，我们会将这个行为细分为更多、更小的步骤，从而确定无法成功连接的原因，比如，没找到相应的图标，不知道应该在哪里输入密码，等等。随后，我们就可以针对性地对某个步骤进行操作了。

●幼儿园场景的应用

行为	跳绳
步骤1	向前甩动跳绳
步骤2	在甩动跳绳的情况下双脚跳
步骤3	双脚跳的同时，将跳绳从脚下甩过
步骤4	在不停止甩跳绳的情况下，重复步骤1至步骤3

这是关于跳绳的任务分析。每个孩子在这个任务中很可能会遇到不同的难点。由于出现难点的环节不同，孩子需要练习的技能、适合的练习方法，以及我们应该提供的语言支持的方式和时机等都会有所不同。

> 专栏 2
>
> ## 减少辅助的方法
>
> 通过辅助，我们可以更容易地引导孩子做出适当行为。如果孩子开始出现适当行为了，那么我们就有必要引导孩子独立地完成这些行为，这点很重要。我们最终的教学目标是让孩子在没有辅助的情况下也能成功。
>
> 像刷牙、换衣服、有规律的日常作息这样的事情，我们都需要引导孩子独立完成，父母或旁边的人不能一直给予帮助。按时开展自己的活动是人们在社会生活中必须做到的事。如果孩子还不知道如何看钟表，那么我们就可以通过口头提示督促他，如"我们就要出门了"。如果孩子能够认识数字，我们就可以通过口头告知"长针指到 2 点时，我们就要做好准备哦"，以此来促进适当行为的出现。随后，如果孩子认识了钟表，我们就需要引导他自己去看时间，引导他根据计划和预定的时间行动。
>
> 此外，孩子在参与集体活动时，也需要独立思考和行动。例如，刚开始学足球时，他可能需要按照教练的指示练习，但最终他需要瞬间判断出整个赛场的状况，根据队友和对手的现场表现和能力等各种因素采取适当的行动。
>
> 因此，无论是在自理方面还是在参与集体活动方面，能够独立行动而不需要辅助都是非常必要的能力。我们在教学过程中，减少辅助的方法有以下几种。
>
> **1. 逐渐减少辅助的数量和力度**
>
> 这是根据孩子的理解程度及技能水平，逐渐减少辅助的数量和力度，最终使孩子在没有辅助的情况下也可以成功的方法。
>
> 例 1　教孩子接受物品后说"谢谢"的方法
> 阶段 1　"说'谢谢'。"
> 阶段 2　"谢谢……"
> 阶段 3　"谢……"
>
> 在阶段 1 中，我们为孩子演示适当行为，这称为"示范"。如果孩子通过这样的示范辅助就能够完成适当行为，我们就应当给予充分的表扬。在阶段 2 时，我们给出的示范已经很接近目标行为了。如果在这个教学阶段里孩子能够说出"谢谢"，那么我们就可以进一步减少辅助，直到进入阶段 3。如果孩子在阶段 3 的辅助下也能够说出目标语言，那么即便没有这样的辅助，孩子也可能完成这个任务。在整个教学过程中，我们提供的表扬是非常重要的，需要持续地给予这样的强化，直到孩子形成说"谢谢"的习惯。
>
> 例 2　教孩子骑自行车
> 阶段 1　加装辅助轮，在大人的扶持下引导孩子骑自行车。
> 阶段 2　加装辅助轮，引导孩子自己骑自行车。
> 阶段 3　在没有辅助轮也没有大人扶持的情况下，引导孩子自己骑自行车。

这个例子中使用的是逐渐减轻辅助力度的方法。首先，在教学的第 1 阶段，我们可以通过安装辅助轮的办法让自行车保持平衡，并且大人提供直接扶的帮助，以便孩子能够安心地练习骑行。等到孩子开始享受骑自行车的乐趣，教学就可以进入第 2 阶段了，这时我们可以逐渐地放开扶车的手。当我们放开手孩子可以骑行时，记得要给予孩子充分的赞扬，让孩子从中获得"我可以独立骑自行车！"的信心。在第 3 阶段教学刚开始时，孩子骑车时保持平衡还会比较困难，这时候我们需要继续提供某种程度上扶的帮助。但如果一直这样扶下去，孩子就无法学会自己掌握平衡。因此，我们需要在确保孩子不摔倒的前提下，逐渐减轻辅助力度。这样，孩子就能够通过练习慢慢地掌握骑车时保持平衡的技能。当我们放开手孩子也可以独立骑行时，目标就达成了。

同样的方法还可以应用于很多其他运动，如单杠、跳箱等。

2. 进行间接辅助

当孩子有一定能力完成某个适当行为时，我们还可以使用间接辅助的方法来帮助他。也就是说，我们不直接给孩子示范适当行为，而是给孩子创造能够完成任务的机会。

例 1　孩子回家后要吃点心，但他没洗手，这时候我们可以问他："咦？你忘了什么吗？你的手是不是很脏呀？"在这个例子中，我们虽然没有直接要求孩子去洗手，但通过一种间接的辅助形式提示和督促他洗手。

例 2　早上进幼儿园时遇见老师，如果孩子没有主动地打招呼，我们可以轻轻拍他的肩膀并说："嘿，你好像忘了什么哦。"这样的提醒可以督促他与老师打招呼。

3. 延迟辅助

当孩子有一定能力完成某个适当行为，而且他几乎可以独立完成时，延迟辅助就是一种很有益的教学方法。我们可以推迟一定的时间再提供辅助，创造机会让孩子在没有辅助的情况下争取独立地完成任务。孩子这时可能会思考自己该做什么，而我们可以利用这个时间观察他的需要，并考虑如何引导他。

例 1　当孩子把拼图块放错了方向时，我们可以先不马上教他如何正确地放置，只是观察他的表现。也许他自己就会发现错误并将拼图块调整回正确的方向。

例 2　在幼儿园的晨会时，有几个孩子在聊天。这时我们不必立刻要求他们"安静！"可以暂时先观察一下他们的表现。有时候孩子们会注意到前面的老师或其他正在安静等待的同伴，从而自觉地安静下来。

如上所述，减少辅助的方法有很多种。当孩子在我们的辅助之下做出了适当行为时，我们要用肯定的语言和笑容对他表达赞赏，在行为后果中要提供强化物，这些都非常重要。而当孩子在没有辅助的情况下完成任务时，我们必须要表达出更夸张的赞赏，例如，"你做得太好了！真是了不起！"我们还应该提供更强有力的强化物。这样孩子才能真正体验到大家都更期待他在没有辅助的情况下完成任务。

后　记

感谢您阅读了这本书。

本书记录的是我在多个幼儿园中的观察内容。我在那里看到了孩子与引导他们成长的老师之间的各种互动方式。然而，版面有限，我无法写出所有内容。但正如本书正文中所描述的，即便我们努力改变了互动方式，或者进行了多方的改进尝试，很多时候我们也无法立竿见影地改变孩子的行为。就算如此，只要我们每天都能发现孩子的微小进步，赞赏他们并与他们分享喜悦，并不断地为他们提供练习机会，最终孩子一定会有肉眼可见的进步。我真心敬佩老师的认真和努力，他们对孩子的爱让我感动。

本书是为幼儿教育老师、给幼儿园提供咨询服务的专家，以及有志成为幼儿教育老师的学生和特殊教育专业的学生所编写的。许多人可能接触过甚至亲自教过与本书实例中类似的孩子，在此之前也可能尝试过各种方法以期激发孩子的积极性，却未能成功。有些孩子可能会跑得远远的，也有些孩子无论被提醒多少次还会打同伴，还有一些孩子的语言能力显著落后于同龄人，甚至有些孩子会故意在其他小朋友积极参与活动时捣乱。如果您对此感到困惑，不知道如何帮助他们，那么，请打开本书，在"为什么"的问题的引导下，思考孩子的行为及您的处理方式。我希望本书能够帮助您思考并改进自己的工作。此外，我希望那些有志成为幼儿教育老师的学生们在幼儿园实习的过程中，遇到问题时可以打开本书寻找线索，思考应对策略。本书涉及的应用行为分析理论仅仅是很小的一部分，如果您阅读本书后对此产生了兴趣，那么我将会感到非常荣幸，也希望您能继续学习，有机会去阅读其他的专业书籍。

在我撰写本书之前，许多人给我提供了帮助，与我结缘。

野吕文行教授在百忙之中热心地承担了审校工作，详细指导了应用行为分析学的理论阐释、术语使用和表达方式。另外，从事幼儿教育工作的高桥雅江老师也担任了审校工作，针对本书的语言表达方式给出了宝贵建议，使其更符合幼儿教育老师的语言表达习惯。共同作者原口英之先生在本书的结构和语言表达上花费了大量时间与我商讨，并提供了关于应用行为分析的许多建议。本书的插画得到了冲遥香女士的热心支持，她绘制的插图比我想象中的质量更高、更可爱。学苑社的杉本哲也先生也对本书的编辑、结构、语言表达等提供了详细的指导。

同时，作为特殊教育专业人士，我在接触和学习应用行为分析学的过程中，得到了无数大学教师、幼儿教育老师、特殊教育老师等教育工作者，以及大学生们的指导和帮助。此外，接受我访问的学校校长和幼儿园园长，还有那里的众多老师，他们与我共同探讨对孩子的支持方法，共同为孩子们的成长感到欣喜，他们给予了我莫大的支持。

正是因为有了这些人的支持，才有了今天的我，才有了这本书。感谢所有人，包括本书的读者们，非常感谢你们。

永富大铺

2021 年 1 月